AUTO CONFIANZA 2.0

LA FÓRMULA PROBADA
PARA ESCAPAR DE LAS
LIMITACIONES AUTO
IMPUESTAS Y LOGRAR
SU MÁXIMO POTENCIAL

RAPHAEL DUME

número de control de datos de catalogación en publicación de la biblioteca del congreso o
LCCN: 2020900100

ISBN: 9781651345863

Fabricado en los Estados Unidos de América.

TAMBIÉN POR RAPHAEL DUME

AUTOCONFIANZA 101

EL ARTE EFECTIVO DE INFLUENCIAR LAS
PERSONAS

Tabla de Contenido

Introducción

La confianza se define como la sensación o la creencia de que alguien puede tener fe o confiar en algo o en alguien. La autoconfianza es el sentimiento o la creencia de que puedes tener fe y confiar en ti mismo.

A veces, nuestras propias experiencias en la vida actual están bajo una cierta creencia, idea, y concepto acerca de quienes realmente somos. Esta idea se llama autoimagen, es la imagen de nosotros mismos que nuestra mente cree y define. Si esta imagen es saludable y está construida sobre una base correcta, entonces tenemos una vida próspera. Porque nuestra confianza esta fuerte, lo cual significa que estamos diseñando y escogiendo lo que es mejor para nuestras vidas. Sin embargo, si por alguna razón o por otra no formamos una imagen sana y verdadera de nosotros mismos, entonces no tenemos confianza, no creemos en nosotros mismos, y es algo que se refleja naturalmente en la calidad de vida que experimentamos a diario.

En su mayor parte, vemos todos los puntos de vista erróneos sobre la autoconfianza y la autoestima, derivado de este falso paradigma, que hace que las personas miren al ser externo antes que al interior en busca de una fuerte confianza y un alto sentido de valor y mérito como individuo. La autoconfianza es todo acerca de cómo podemos sobrellevarnos a nosotros mismos.

Por lo general, nuestros niveles de confianza están influenciados por varios factores, ya sea de forma interna o externa. Esto significa que cualquier cosa o ambiente dentro y fuera de nosotros puede afectar seriamente la forma en que nos percibimos.

Por lo tanto, la baja autoestima puede afectar significativamente a todos los aspectos de nuestra vida personal, ya sea nuestra familia, carrera, o salud. Por esa razón, tenemos que aprender cómo hacer frente a todas las cosas que suceden en nuestra vida para poder construir confianza y mantener nuestro sentido de valor. Creer en nosotros mismos y reconocer que somos valiosos es la verdadera determinación de construir una confianza imparable.

¿Cómo puede una baja autoconfianza afectar nuestra vida? Dado que la autoestima es todo acerca de cómo nos percibimos y nos gustamos, mientras que la baja confianza es exactamente lo opuesto. Se dice que una persona es segura cuando se siente bien consigo mismo. La baja autoconfianza, sin embargo, tiene lugar cuando algo o una determinada situación hacen que te sientas mal contigo mismo. Esto puede ser un rechazo, miedo, fracaso, crítica o pobreza. La mayoría de las veces, las cosas que te hacen poner mal son las principales razones por las cuales tu autoconfianza tiende a ser baja. Hablando en términos generales, hay tres factores fundamentales que afectan el nivel de confianza de un individuo. Estas características se refieren especialmente a lo siguiente:

• **Valores:** Para poder disfrutar de la vida, debe aprender a vivir con tus mejores valores. Si lo que tu cree es claro para ti, lo más probable es que sepa cómo valorar realmente tu vida. Y solo las personas que se respetan a sí mismas saben cómo valorarse, y confiar en ellos mismos.

• **Dominio:** Esto se refiere al estado de ser seguro de sí mismo, y ser capaz de hacer frente a su vida y trabajo. Al tener control en ti mismo, te vuelves más efectivo en todo lo que haces. Te da la sensación de ser valioso y asombroso. Y en cualquier momento, percibes que eres eficaz en lo que sea que hagas, tu nivel de confianza crece, y tu sentido de valor también mejorará.

• **Objetivos**: Es muy importante que sepa lo que desea para impulsar tu autoconfianza. Debe asegurarte de tus objetivos en cualquier actividad que realice. Te sientes mucho mejor cuando sabes que estás haciendo algo que quieres y crees. Te ayuda a desempeñarte mejor porque sabes que tiene un objetivo que debe lograrse.

La Autoconfianza es algo que es un poco complicado de poner en simple palabras. Hay muchos factores que se deben considerar para poder explicar como una baja confianza puede afectar seriamente la vida de una persona. Sin embargo, si se aprende como hacer más con todas las cosas buenas en la vida, y enfocarse más en el lado positivo una persona podrás ver como su confianza, su autoestima y su sentido de valor empezara a mejorar de una forma rápida y natural. Este libro le enseñara exactamente como.

CAPÍTULO UNO

Formas de construir su autoconfianza

Sonríe

Esto puede sonar tonto, pero no sonríes si sientes ansiedad o no estás contento. El simple hecho de sonreír, incluso si tienes que forzarlo al principio, te hará sentir mejor. Una sonrisa es algo que todo el mundo asocia con emociones positivas, por lo que, al sonreír, te harás sentir mejor, y parecerás confiado, otras personas lo notarán y ellos también serán más efectivos. Antes de saberlo, encajarás en la situación y tu falta de confianza desaparecerá.

Buen porte

Como te ves puede decir bastante sobre ti. Si te encorvas o caminas con los hombros hacia delante con la cabeza hacia abajo, no desprendes sentimientos de confianza hacia ti o hacia alguien más. Por lo tanto, siempre párate derecho, con tu cabeza en alto, y haga contacto visual con todo a quien salude. Esto causará una impresión positiva en las personas que conoces, lo que se reflejará en ti para que te sientas más seguro.

Sé Agradecido

Cuando piensas acerca de lo que quieres, tu mente se encuentra con razones por las cuales no puedes tenerlo, no tienes el dinero, no lo mereces, no lo necesitas. Esto le pone a pensar en la carencia y trae más pensamientos negativos que no contribuye nada para la autoconfianza. Lo mejor es enfocarse en lo que tiene y ser agradecido por ello. Es algo que deberías hacer diariamente y debería ir a través de una lista de cosas por las que estás agradecido. Piensa en los amigos que tienes, las cosas buenas que has tenido en el pasado, cualquier habilidad que puedas tener, buenas relaciones que tuviste o tienes. Esto traerá pensamientos positivos, y cuando tengas predominantemente pensamientos positivos, te sentirás mejor, más motivado y definitivamente más seguro.

Apariencia

No sé nada acerca de ti, pero cuándo estoy usando ropa vieja (todos tenemos ese par de jeans o camisas cubiertas de pintura con hoyos que usamos para esos que haceres ocasionales en casa). No nos sentimos tan bien ¿verdad? Definitivamente no queremos que ciertas personas nos vean usando esa ropa. Nada supera el salir de esas viejas prendas, ducharse, afeitarse o arreglarse el cabello, y vestirse con algo limpio y prolijo. El mejoramiento de tu confianza es increíble.

Di algo

Aunque parezca extraño, si estás con un grupo de personas que acabas de conocer, una de las mejores maneras de ayudar a aumentar tú confianza es decir algo. Probablemente encuentres que otras personas en el grupo también están tan nerviosas por hablar. Si haces el esfuerzo de hablar, incluso una vez, dentro de un grupo, llegaras a ser mejor a la hora de hablar en público y te volverás más seguro. Por lo tanto, tienes algunas formas más sencillas que puedes utilizar para ayudar a construir tu autoconfianza. Al igual que con todas las cosas, se necesita un poco de perseverancia, pero incluso si todo lo que haces es sonreír y pararte derecho, es un buen comienzo para desarrollar tu confianza.

CAPÍTULO DOS

¿Por qué es importante la autoconfianza?

"Tus posibilidades de éxito en cualquier proyecto siempre se puede medir por tu confianza en ti mismo."

--Robert Collier

La autoconfianza es la fuente de todo lo demás en tu vida. Sacas de ella para lograr y construir las otras áreas de tu vida. Piense en ella como el tanque de combustible de su vida. No es el combustible físico; no es algo que se pueda reducir a una sustancia, pero existe. Es posible que las personas no se den cuenta de esto, pero la autoconfianza le brinda el poder de alcanzar el éxito en todas las áreas de su vida.

Carrera

La autoconfianza es importante para su carrera porque, nos guste o no, las empresas buscan líderes. Cuando revisas ese anuncio y ves que están buscando una persona de nivel inicial, puedes apostar a que, si eres una persona que se posiciona como un futuro líder, irás a lugares altos en esa compañía. No importa si solicitó un trabajo aparentemente sin salida. Una vez que la empresa comercial lo vea como material de líder potencial, invertirán en ti. Tendrían un interés personal en tu desarrollo personal. Debes comprender que las empresas viven o mueren en función de cuán efectivamente pueden convertir a los empleados de rango y archivo en líderes.

Ahora, esta posición de liderazgo puede adoptar una amplia variedad de formas. Puedes ser un líder de primera línea, lo que significa que puedes ser un gerente de bajo nivel. Puedes ser miembro de la gerencia media, o puedes convertirte en vicepresidente o incluso CEO. Todo depende de ti.

Lo que es importante entender aquí es que las empresas están desesperadas por futuros líderes porque, seamos sinceros, la gran mayoría de las personas que solicitan empleo lo hacen porque necesitan pagar el alquiler. Solo buscan llegar a fin de mes. No miran al futuro; están analizando sus necesidades a corto plazo y, en consecuencia, la mayoría de ellos nunca se convierten en líderes. Está completamente fuera de la concepción de su lugar en la empresa. Solo buscan resolver su problema inmediato.

Si eres una persona segura, puedes convertirte en un líder. Puedes proyectar un aire para hacer las cosas. Puedes inspirar a otros, no solo con tu productividad sino con las señales emocionales que envías. La gente se vuelve optimista a tu alrededor. Puedes aumentar la productividad simplemente porque inspiras a las personas.

Estos son los tipos de individuos que las empresas buscan desarrollar y promover porque si pueden producir suficientes líderes, superaran su competencia. ¿Por qué? Su competencia está compuesta por personas que tienen actitudes a muy corto plazo. Esas personas simplemente buscan hacer un día de trabajo por el pago de un día. Nada más y nada menos. Una empresa que cuenta con casi el 100% de las personas con esa mentalidad no puede ir muy lejos. Las empresas que tienen líderes con autoconfianzas siempre la superarán. Sin embargo, para convertirte en un líder, debes tener autoconfianza.

Relaciones

Las relaciones involucran a dos personas diferentes, dos egos diferentes, dos entornos diferentes y dos pasados diferentes. Siempre que haya una diferencia, puede ser algo inspirador porque seamos sinceros; No hay nada más emocionante que hablar y tratar con alguien que experimentó cosas muy diferentes a las suyas.

Ahora, a pesar de lo sorprendente que puede ser esta diferencia, también puede generar conflictos porque no vinieron del mismo lugar. No experimentaron las mismas cosas; no tenían las mismas ideas e influencias que cuando eran niños. En consecuencia, cuando estás en una relación, es demasiado fácil verlo como competencia. Es demasiado fácil verlo como alguien que gana y alguien que pierde.

Desafortunadamente, si tienes poca autoconfianza, es fácil para ti gravitar hacia una actitud en la que crees que es mejor no hacerte valer y tus necesidades para que la otra persona no se vaya. En otras palabras, dejas que tu miedo a perderlos se apodere de tu relación. Ya no es una relación en ese punto.

Debes recordar que las relaciones son espacios y arreglos que permiten que ambas personas crezcan. Es muy difícil crecer cuando siempre te niegas a ti mismo. Es muy difícil florecer realmente cuando sientes que tienes que aguantarte porque tienes miedo de perder a la otra persona en la relación. En última instancia, sin autoconfianza, tu identidad en la relación queda incluida en la identidad de tu pareja. En otras palabras, la relación se trata de ellos, de sus necesidades, de sus planes, de su futuro y, a continuación, queda excusado de por qué permite que esto suceda.

Una excusa común es simplemente engañarse a sí mismo y pensar que está haciendo todo lo posible para apoyar la relación. No estás apoyando la relación porque estás completamente fuera de ella. La relación no es tu pareja. Desafortunadamente, es cuando tu apoyo toma la forma de negarte a sí mismo, tus necesidades y tu identidad dentro de la relación. Todo lo que puedes hacer es apoyar a tu pareja y a nadie más.

Necesitas ser fuerte en tu convicción para seguir amando. Necesitas forjar tu propia identidad. Debes asegurarte de que tu relación se construya sobre una base sólida de respeto e igualdad. Nada de esto es posible si no tienes autoconfianza.

Para que su relación sea saludable, debe hacerse notar. El otro socio no solo debe notarlo, sino también darle el debido respeto y recibir sus comentarios. Además, deben diferir de vez en cuando. En otras palabras, debes hacer sentir tu voz. Esto es casi imposible de hacer sin autoconfianza.

Otra razón por la cual la autoconfianza te ayuda en tu relación es que no existe una relación perfecta. La gente puede y se equivoca. Tu o tu pareja pueden ser desleales. Puedes decir las cosas equivocadas en el momento equivocado y lastimarse mutuamente. Todo tipo de cosas pueden salir mal.

Dado todo esto, es importante perseverar. Es importante recuperarse en una relación. No te equivoques al respecto; tu pareja puede decir algo tan abrumador, tan cortante y tan humillante que es muy fácil tirar la toalla y salir. Sin embargo, no lo haces. Si la relación lo vale, no lo haces. Aguantas ahí. Requiere resistencia. Debes permanecer allí el tiempo suficiente para comunicarte de tal manera que él o ella aprenda de esa triste experiencia y le brindes el debido respeto. Eso no va a suceder si no tienes suficiente autoconfianza.

Es demasiado fácil para su relación volverse tan frágil en base a una autoestima tan baja que es solo cuestión de tiempo hasta que uno de los dos se vaya. Si crees que esto es lo suficientemente difícil, comprende que entablar una relación en primer lugar requiere confianza. ¿Por qué? Debe destacarse de otros pretendientes.

Si tu pareja es muy atractiva o interesante, puedes apostar a que habrá otros pretendientes. Depende de su nivel de apelación. Por supuesto, cuanto más bella o atractiva sea la pareja, más competencia tendrás. Sin embargo, incluso si tu pareja no es tan atractiva, todavía hay al menos una persona que está interesada en tu pareja, o tu pareja podría estar interesada en otra persona. Para destacarse de la competencia, necesita autoconfianza. Por lo menos, debería ser capaz de defenderse por sí mismo por qué su posible socio debería elegirte en lugar de a otra persona.

Gozo de la vida

En cuanto a su calidad de vida, la autoconfianza es crucial. En serio, no puedes vivir tu vida en las sombras. Si no tienes autoconfianza, te resignas a ser otra cara en la multitud. Empiezas a creer que no importas mucho. Empiezas a creer que realmente no puedes hablar porque tu voz no cuenta para nada.

No puedes vivir la vida sin hablar por tus necesidades. ¿Por qué? La gente puede y lo pisará. Verás, la vida es un paisaje de perro-come-perro; realmente lo es. Olvida todo lo que has escuchado antes. No es un mundo de sol, sonrisas, unicornios y piruletas. Puede ser brutal por ahí.

Desafortunadamente, demasiadas personas se van cuando detectan alguna debilidad. Si le das a alguien una pulgada, no es raro que quieran tomar una milla. Si le das una mano a alguien, no te sorprendas si también quieren tomarte del brazo.

Debes poder hablar por tus necesidades. Tienes que poder defender tus derechos. No puedes simplemente vivir en las sombras y rendirte constantemente. Va a interferir en el disfrute de tu vida. Sientes que simplemente te estás conformando con algo que se hace cada vez más pequeño con cada día que pasa. Empiezas a sentir que eres un espectador en tu vida, y sin importar cómo te sientas, y sin importar lo que esté sucediendo y cuán lastimado te sientas, no importa tanto porque no importas demasiado. ¿Ves lo corrosivo que es esto? ¿Entiendes cómo te has preparado para vivir una vida tan patética? Es patético porque eres capaz de mucho más.

La conclusión es que si quieres tener éxito en algo, debes confiar en ti mismo. Nadie puede hacerlo por ti. Nadie más lo haría por ti. Nadie más puede hacerlo por ti.

CAPÍTULO TRES

Aproveche su autoestima para aumentar su autoconfianza

Los métodos discutidos anteriormente deberían ser problemáticos para usted. Si lees las descripciones de esos mecanismos y estrategias de afrontamiento para desarrollar la autoconfianza, debería ser rápidamente evidente que tienen serias limitaciones. Si bien no voy a pretender que esas técnicas funcionen para algunas personas, la verdad es que, para la gran mayoría de las personas que las prueban, a menudo conducen a desastres. No salen ni funcionan como se esperaba.

Afortunadamente, hay una mejor alternativa.
La alternativa es trabajar en tu autoestima.
En otras palabras, debe trabajar para
transformar su autoconfianza de adentro
hacia afuera. Al construir una base sólida de
autoestima y respeto a ti mismo
internamente, tu proyectas esto hacia afuera
a un nivel cada vez mayor de autoconfianza.
¿Esto va a suceder de la noche a la mañana?
NO. ¿Esto es fácil? Bueno, para algunas
personas, es más fácil que para otras, pero
aún requiere esfuerzo. Sin embargo, requiere
un cierto grado de consistencia y esfuerzo
constante.

Desafortunadamente, la razón por la cual
comprar su autoconfianza o fingirlo hasta
que sea tan popular entre muchas personas
es que son fáciles de implementar. Cuando
compra un BMW o un Ferrari es
relativamente fácil en comparación con

trabajar en sus inseguridades internas y una sensación de insuficiencia para construir una autoconfianza duradera.

Sin embargo, déjame decirte que si trabajaras de adentro hacia afuera, los resultados que obtendrías serían más duraderos. Además, no tienes que preocuparse por ser descubierto como un fraude. No tienes que cargar constantemente con esta culpa o preocupación porque de alguna manera te sientes un impostor. Dicho esto, al menos entienda que cualquier solución interna requerirá algo de trabajo. Requerirá un poco de atención al detalle. Requerirá consistencia de acción. Si está dispuesto a comprometerse a hacer lo que necesita, entonces es posible que tenga un gran progreso.

¿Como funciona esto?

Bueno, para aumentar su autoconfianza al aumentar su autoestima, usted, en primer lugar, cambia su autopercepción. Cambias cómo te ves a ti mismo y cómo te percibes a ti mismo. Todos tienen autopercepción. Todos tenemos esta imagen mental en nuestra mente de quiénes somos, de qué somos capaces y hacia dónde vamos. También tenemos una imagen de dónde estamos en el gran esquema de las cosas. En otras palabras, tenemos un sentido de lugar para nosotros mismos. Las personas que sufren de baja autoconfianza tienen opiniones negativas sobre estas cosas. Sienten que su lugar está en el fondo. Sienten que no valen mucho de nada. Sienten que, sea lo que sea lo que intenten, resultará la mediocridad. La conclusión es que no sienten que sean alguien especial.

Tienes que trabajar en tu autopercepción. Tienes que cambiar cómo te percibes a ti mismo. Tienes que pasar de verte a ti mismo como esta víctima perpetua de situaciones y circunstancias fuera de tu control a alguien que hace que las cosas sucedan. Este es un salto tremendo en la autopercepción. Pasas de alguien que solo se sienta pasivamente y mira cómo se desarrolla su vida frente a ello, a alguien que se imagina a sí mismo como una persona que tiene un papel directo en lo que está sucediendo. Una vez más, pasas de ser una persona que se queda parada y mira con frustración lo que le pasó a tu vida y se pregunta constantemente qué le pasó a la persona que hace que las cosas sucedan.

Todo esto se remonta a la autopercepción. ¿Cómo te imaginas a ti mismo? ¿Cómo te ves a ti mismo? ¿Qué tipo de imagen mental tienes de ti mismo? Esta autopercepción es crucial para la autodefinición. Cuando te defines, defines cuáles son tus límites. Tú defines de lo que eres capaz. Tú defines lo que te detiene o lo que te empuja hacia adelante. La mejor parte de todo esto es que siempre tienes el control porque eres el que hace la definición y no otra persona.

Cambiando tu narrativa personal

Otro aspecto clave de trabajar en su autoestima para aumentar su autoconfianza es el hecho de que, en algún momento, tendrás que cambiar tu narrativa. Tu narrativa es una historia continua que tienes en mente. Este es el principio de organización o la historia de organización a la que se suscribe. Todo lo que experimentas, tus interacciones con el mundo exterior y sus personas se filtran a través de esta narrativa.

Por ejemplo, tienes una narrativa de que eres una persona no deseada cuando entras por la puerta, y la gente te mira con cierta mirada en sus caras. Es muy probable que lo interpretes como una mirada negativa. Interpretarías la forma en que te miran como básicamente diciendo que debes mantenerte alejado. No te quieren aquí. ¡Vete!

Si tu narrativa es que eres una persona valiosa y que la gente estaría feliz de tenerte cerca porque tienes algo positivo que aportar, probablemente interpretes esa misma mirada como una invitación para presentarte. Tal vez podría verlo como un desafío para causar una impresión favorable. Cualquiera sea el caso; terminas en un lugar diferente. En lugar de sentirse pequeño, no deseado, excluido, rechazado y frustrado, puede verlo como una invitación neutral para el contacto. Incluso podrías verlo como una oportunidad positiva. ¿Ves lo importante que es tu narrativa?

Tu narrativa es crucial para la forma en que interpreta su realidad porque, créalo o no, todas las cosas que tomamos como verdad objetiva son juicios. Eso es todo lo que son. Dos personas pueden mirar el mismo conjunto de hechos y alejarse de dos interpretaciones diferentes. Sus narraciones determinan la diferencia en estas interpretaciones. Cuando trabajas para desarrollar tu autoconfianza a través de tu autoestima, necesariamente tienes que cambiar tu narrativa. Tiene que haber ciertos cambios en su narrativa para que este proceso de adentro hacia afuera funcione.

Cambia tus patrones mentales

Lo curioso de la percepción de la realidad de las personas es que, en muchos casos, su percepción de la realidad es solo un producto de sus hábitos mentales. Si interpreta habitualmente las cosas, de la peor manera posible, es muy fácil concluir que esta es la única forma en que las personas pueden interpretar estas señales. Este es el único juicio que pueden tener. Después de todo, dado que usted concluye automáticamente que las cosas son de cierta manera cuando recibe retroalimentación o estímulos específicos, entonces eso debe ser una realidad. Bueno, puede resultar que pienses de esa manera en consecuencia porque es tu hábito mental. Sus patrones mentales están configurados de tal manera que siempre termina con una cierta conclusión.

¿Qué pasaría si cambiaras tus hábitos mentales? ¿Qué pasaría si modificaras tus patrones mentales? ¿Significa necesariamente que terminarías con los mismos juicios? Hay muchas posibilidades de que tenga una visión diferente de su autoestima y valor personal una vez que cambien sus hábitos mentales.

Ahora, el hecho clave para eliminar aquí es que se eligen los hábitos mentales. Sé que suena loco porque podrías estar pensando: Bueno, simplemente nací de esta manera. Así es como pienso. Es posible que desee volver a pensar porque la forma en que interpreta su realidad tenía que venir de alguna parte. Es algo que tomaste o aprendiste en el camino. La mayoría de nosotros aprendemos nuestros hábitos mentales de nuestros padres. También lo aprendemos de las personas con las que salimos constantemente. Existe el pensamiento grupal. Si cambia su grupo de amigos, se sorprendería de cómo cambian tus hábitos mentales y tu actitud.

De todos modos, debes cuestionar tus hábitos mentales. Es algo que eliges. No es algo con lo que naces. No es algo que se te impone y que no tienes otra opción. Siempre tienes un poder de elección. Siempre puedes ser consciente de tus hábitos mentales y luchar contra ellos.

Una vez que su autoestima es positiva, la proyectas.

Después de haber pasado por el proceso de cambiar su autopercepción, intercambiar o modificar tu narrativa e identificar, interrumpir y reemplazar tus patrones mentales, el siguiente paso es proyectarlo. En otras palabras, pasas de lo interno a lo externo. Pasas de las emociones a las intenciones a las acciones. Al mundo no le importan tus sentimientos. No le importa la confusión interna que está atravesando a menos que tenga un efecto externo. El mundo es puramente externo. Lo único que le importa son las cosas que haces.

Puedes pensar en todas las cosas asesinas. Puedes pensar en todo tipo de cosas jodidas, desordenadas, trágicas, pero a menos que actúes sobre ellas, o al menos las verbalices, al mundo no le importa. ¿Viste cómo trabaja esto? Entonces, para que su autoestima aumente tu autoconfianza, debe proyectarlo. Necesitas actuar en consecuencia. Tienes que tener un impacto en cómo te comportas.

La buena noticia es que esto no tiene que ser súper dramático. No necesariamente tiene que vivir una película de Hollywood de alguien que era un ratón de biblioteca, y que no está seguro de sí mismo, de repente florece en esta persona súper segura de sí misma que obtiene miembros del sexo opuesto, es promovida y se convierte en máster de su mundo. No tiene que ser así. Nosotros, después de todo, no vivimos en Hollywood. Cualquier pequeño cambio que detecte puede ampliarse.

Además, esto no tiene que suceder de la noche a la mañana. Debes entender que tus patrones mentales son patrones mentales precisamente porque son hábitos. Como probablemente ya sepas, los hábitos son difíciles de romper. Somos criaturas de consuelo. Una vez que nos acomodamos, es muy difícil para nosotros cambiar. Tememos el cambio. Aun así, si está enfocado en cambiar sus hábitos mentales porque ha cambiado su autopercepción, así como su narrativa, el progreso es posible. Sin embargo, no sucederá de la noche a la mañana. No será fácil. No será rápido.

La mejor noticia aquí es que cuando trabajas de adentro hacia afuera, comienzas con algo real. También estás comenzando con algo sustantivo. Estás construyendo a partir de los bloques de construcción de tu personalidad, que es tu autopercepción, narrativa personal y patrones mentales. Una vez que haya modificado estos; luego se proyecta y el mundo responde en consecuencia. Tan pronto como el mundo responda a su comportamiento alterado, es cuando sabe que este cambio se ha convertido en realidad.

De lo contrario, en lo que respecta al mundo, todo esto es interno. Se trata de tus sentimientos, y como sigo repitiendo, al mundo no le importan tus sentimientos. No podría importarle menos. Para que esto se convierta en realidad, debe dejar que cambie su comportamiento. Así es como su mayor autoconfianza tendrá un impacto en su mundo.

CAPÍTULO CUATRO

Comienza en tu mente

"Amarse a uno mismo es el comienzo de un romance de por vida."

--Oscar Wilde.

¿Sabías que algunas de las personas más convencionalmente atractivas del mundo también tienden a ser las más inseguras? Esto se debe a que la confianza depende más de tu estado mental que de la apariencia.

¿Cómo entrenas tu mente para tener más confianza? A continuación, hay varias estrategias que puedes aplicar. Haz tu mejor esfuerzo para revisar cada una de ellas y toma nota de todas tus ideas en tu diario.

Reflexionar sobre estas ideas lo ayudará a desarrollar su autoconciencia y lo hará más sensible a sus pensamientos y acciones. Después de todo, cuanto más conozca su mente, más responsable se sentirá por las decisiones que tome en la vida.

Reflexionar sobre experiencias pasadas

Puedes pensar que es la suma de todas tus experiencias en la vida, pero eso no significa que deba dejar que eso dicte tu futuro. Las experiencias pasadas están ahí para que aprendas. Sin embargo, muchas personas optan por dejar que estos los definan. Lo que es peor, se han vuelto tan apegados a su pasado que les impide liberar todo su potencial. A menudo, las personas permiten que su pasado dicte sus pensamientos y comportamiento porque desconocen su influencia.

Por ejemplo, supongamos que no obtuviste buenas calificaciones en matemáticas cuando estabas en la escuela secundaria. Has asociado el tema con sentimientos negativos por eso. Lo empeoró un maestro que te reprendió frente a la clase por ello. Para empeorar las cosas, tus compañeros de clase te molestaban.

Ahora avanza rápido hacia el futuro. Si eres alguien con poca autoconfianza, aún tendrás esa etiqueta imaginaria en tu frente que dice: "No soy bueno en matemáticas". Luego, cada vez que te enfrentas a un problema relacionado con los números, inmediatamente te darás por vencido contigo mismo. Incluso tienes esta reacción automática en la que dices: "Oh, no puedo hacer esto. ¡Soy malo en matemáticas!"

Sin embargo, si te das un poco de tiempo para reflexionar y preguntarte por qué te sientes así, entonces puedes superarlo y dejar ir esta etiqueta imaginaria. Te darás cuenta de que tal vez no te fue tan bien en la escuela porque no pasaste suficiente tiempo estudiándolo, o tal vez lo hiciste, pero no pudiste pedirle ayuda a alguien.

Esto lleva a darse cuenta de que puedes ser bueno en matemáticas si lo deseas. Después de todo, ahora puedes encontrar muchos recursos disponibles a los que puedes acceder para mejorar esta habilidad. La mejor parte es que no hay un maestro malo para avergonzarte frente a la clase, y no hay burlas de tus compañeros para hacerte sentir mal.

Como puedes ver, reflexionar sobre tus reacciones a las experiencias desafiantes puede ayudarlo a superar la negatividad de tu pasado.

Aquí hay algunos pasos que puedes seguir para ayudarte a superar los contratiempos provocados por su pasado:

Paso 1: Ve a un lugar cómodo y tranquilo donde nadie te moleste. Lleva tu diario y un bolígrafo contigo.

Paso 2: cierra los ojos e intenta recordar la última vez que te enfrentaste a una situación difícil. Deja que la memoria sea lo más vívida posible. Describe la memoria por escrito.

Por ejemplo, hace dos semanas, mi jefe me dijo que tendría que ser yo quien presentara la propuesta en la reunión. Solo me dieron una semana para prepararme.

Paso 3: recuerda cómo reaccionaste ante la situación. Intenta recordar cómo pensaste, así como lo que hiciste y dijiste. Capture este recuerdo y póngalo por escrito.

Por ejemplo, me sentí estresado y asustado. Me sentí inseguro acerca de mis habilidades de presentación, y temía que me avergonzara frente a todos. Odiaba a mi jefe por ponerme en una situación tan difícil.

Paso 4: Pregúntese: "¿Por qué estoy reaccionando de esta manera?"

¿Qué evento en tu pasado te hace sentir tan negativamente acerca de la situación actual? Toma nota de todo lo que se te ocurra.

Por ejemplo, presentarme frente a otros me hace sentir mal por lo que me pasó en la universidad hace unos años. Me asignaron a presentar algunos hechos sobre un tema, pero eran inconsistentes. Alguien me criticó y me llamó estúpido frente a mis compañeros de clase. Sentí que quería que el suelo se abriera y me tragara entero.

Paso 5: Pregúntese: "¿Qué elegiré hacer esta vez?"

Recuerde que su experiencia negativa en el pasado no es lo mismo que enfrenta. Si bien los escenarios tienen algunas similitudes, la mayor diferencia ahora es lo que eliges hacer

A través de estos pasos, puedes separar tu pasado de tu mentalidad actual. Estás cambiando tu enfoque de lo que salió mal a lo que quieres transpirar. Practicar este ejercicio también te ayudará a desarrollar la autoconciencia y te permitirá estar más abierto a asumir riesgos, dos cualidades importantes que conforman la autoconfianza.

Deja ir el hábito de hacer suposiciones

Digamos que te levantaste una mañana y descubriste que reprobaste una prueba importante o que tu atleta favorito perdió el partido final. Piensas: "Oh, hombre, este día no va a ser bueno". Luego, durante el resto del día, notas cada pequeño error que cometes y te das cuenta de que bueno, tienes razón. No es un gran día.

La verdad es que solo notaste todas las cosas negativas que sucedieron durante ese día porque lo elegiste. Todo comenzó con la suposición de que no iba a ser un buen día. Al hacer estas suposiciones, evitaste ser seguro de ti mismo ese día.

Aquí hay algunas declaraciones más de personas que tienen la costumbre de hacer suposiciones. Observe si se encuentra sonando como ellos también:

"Es rica y famosa, por eso es fácil para ella tener confianza".

"Nunca voy a tener la confianza suficiente porque no tengo las habilidades adecuadas para el trabajo".

"Creo que a mis compañeros de trabajo no les gustó mucho. No es de extrañar que nunca tenga confianza durante las reuniones".

"Mis amigos son más atractivos y talentosos que yo, por eso nunca puedo ganar la confianza que necesito".

¿Qué opinas sobre estas suposiciones? ¿Puedes decir que esto es injusto? Si te encuentras pensando de esta manera, es importante recordarte que tales pensamientos no se basan en hechos, sino meras suposiciones. Son venenosas porque afectan tu forma de pensar y comportarte.

La única forma de dejar un mal hábito como este es reemplazarlo por uno bueno. En este caso particular, puede reemplazar sus suposiciones con una afirmación.

Una estrategia efectiva que te ayudará a superar tus suposiciones con afirmaciones es crear una Hoja "Pero". Descubra cómo funciona probándolo ahora:

Paso 1: Divide una hoja de papel en dos columnas. En la primera columna, escriba los supuestos negativos que tiene que están afectando su autoconfianza.

Por ejemplo:

• Soy malo en matemáticas porque fallé varias veces durante la escuela secundaria.

• Nunca podría salir con nadie porque no soy atractivo

• La gente siempre me mira porque tengo sobrepeso.

• Nunca tengo confianza durante las presentaciones porque notarán mi acné.

Paso 2: Ahora, en la línea entre la primera y la segunda columna, escriba la palabra "PERO".

Paso 3: Escriba una afirmación como respuesta a cada una de sus suposiciones, usando "pero" para conectarlas.

Por ejemplo:

• Soy malo en matemáticas porque fallé varias veces durante la escuela secundaria, ¡PERO puedo comenzar a aprender ahora!

• Nunca podría salir con nadie porque no soy atractivo, PERO todavía me siento y me veo hermoso porque estoy sano.

• La gente siempre me mira porque tengo sobrepeso, PERO no me importa lo que piensen porque estoy tomando medidas para mejorar mi salud.

• Nunca tengo confianza durante las presentaciones porque notarán mi acné, PERO los impresionaré practicando y preparándome mucho.

Al crear estas afirmaciones, estás derrotando tus suposiciones y te estás animando a tomar medidas hacia la superación personal. Al principio, notará que sus suposiciones negativas serán automáticas. Esto es normal porque tu mente se ha acostumbrado a ello. Sin embargo, al usar la palabra de activación "PERO", estará desbloqueando su afirmación.

Cuanto más a menudo aplique esta estrategia, más pronto notará que deja de hacer suposiciones. Eventualmente, la voz negativa dentro de su mente, que sigue haciendo esas suposiciones se transformará en un entrenador inteligente, positivo y que resuelve problemas.

Desarrolla una mentalidad optimista

El optimismo es una elección. Cuanto más a menudo lo elijas, más natural es. No hay nada que perder y mucho que ganar, incluida la autoconfianza, cuando te conviertes en un optimista.

El optimismo se describe mejor como una disposición general, que le permite esperar lo mejor en todas las cosas. Significa asumir la responsabilidad de tus pensamientos y acciones y decidir resolver el problema, en lugar de dejar que te consuma.

Los optimistas generalmente viven vidas más largas que otros porque no son tan susceptibles a la ansiedad, la depresión y el estrés. Su sistema inmunitario tiende a ser más fuerte debido a esto y porque se cuidan mejor. Además, aprenden más rápido porque confían en sus habilidades. Además de eso, las personas gravitan hacia ellos porque son inspiradores, edificantes y tienen una energía positiva general sobre ellos.

Las personas seguras son optimistas y viceversa. Incluso puedes ir tan lejos como para decir que uno no puede estar sin el otro. Para ganar autoconfianza a través del optimismo, estos son los pasos que puede seguir de inmediato:

Paso 1: Escribe en un diario todos los días.

Escribir un diario hará que enfrentes tus pensamientos en papel. Te permite no solo expresarte mejor, sino también monitorear los patrones de pensamiento que tienes constantemente. Te ayuda a dar un paso atrás y evaluar la naturaleza de tus pensamientos.

Intenta escribir un diario durante al menos una semana. Al final de la semana, lea todas sus entradas y pregúntese: "¿Tiendo a escribir sobre experiencias positivas o negativas?"

Paso 2: Dispute la voz negativa en tu mente.

Los pensamientos negativos tienden a ser automáticos. Ahora, la única forma de reemplazarlos con pensamientos positivos es reconocerlos y luego disputarlos.

Además de la estrategia de "Pero" y afirmaciones, otra forma inteligente de responder a los pensamientos negativos es sintonizar con su lado lógico. Tan pronto como comienzas a pensar negativamente, te detienes, piensas y evalúas. Pregúntese: ¿se basa esto en hechos? ¿Es exacto? ¿O estoy generalizando? ¿Estoy exagerando?

Por ejemplo, digamos que fallaste en una entrevista de trabajo. Entonces, un pensamiento negativo como "Nunca voy a conseguir un trabajo" aparece en tu cabeza. Tan pronto como esto suceda, reconózcalo diciendo: "ese fue un pensamiento negativo".

Luego, pregúntese: "¿Esto se basa en hechos o simplemente estoy exagerando?" La lógica pronto seguirá que simplemente está exagerando porque todavía hay muchas otras oportunidades que no ha aprovechado. Si es así, simplemente significa que necesita mejorar sus calificaciones. No es un escenario de "todo o nada".

Paso 3: suelte cualquier cosa que contribuya a tus pensamientos negativos cuando puedas.

Ya sea que lo sepas o no, tus pensamientos están influenciados por lo que te rodea y por las personas con las que interactúas cada día.

Por ejemplo, si eres aficionado a ver programas de televisión en los que los participantes discuten y pelean constantemente, no te sorprendería que también te sientas fácilmente irritable por las cosas pequeñas.

Para averiguar qué te hace pensar negativamente sobre tu entorno, reflexiona sobre dónde dedicas la mayor parte de tu tiempo cada día. ¿Lees demasiadas revistas de chismes? ¿O has almorzado cada día con un compañero de trabajo que siempre se las arregla para encontrar un problema en cada situación?

Después de identificar estas fuentes de negatividad, retírelas gradualmente de su vida, luego reemplácelas con cosas que promuevan el pensamiento positivo.

Por ejemplo, en lugar de pasar tiempo en línea leyendo sitios web de chismes, borre su historial y marque enlaces a páginas web inspiradoras y motivadoras en su navegador.

Ahora que ha aprendido las diferentes formas de promover una mentalidad positiva y segura, puede incorporarlas a su vida diaria. Desarrolla una mentalidad optimista y segura lleva tiempo, así que recuerde gentilmente practicar cada día.

Autocompasión

Vamos directo a ello. Escribe una lista de las cosas que te gustan de ti. La lista puede no ser extensa en este momento, pero crecerá cuando comprendas lo que es el amor propio.

Toqué ligeramente la Ley de la Atracción en la apertura de este libro, y es importante que entiendas de qué se trata. Usted controla su destino hasta cierto punto. Si quieres ser miserable todo el tiempo, los tipos de personas que atraerás a tu vida son aquellos que disfrutan de la miseria. Piensa en ello lógicamente. Los ricos no se vuelven ricos pensando como pobres.

La Ley de Atracción significa que cada persona tiene un cierto nivel de vibración. Puede usar la palabra "vibras" cuando describa cómo alguien le habló. Puede haber experimentado la ira de alguien, o cuando alguien está celoso de ti, y sabes, no es un sentimiento muy agradable en absoluto. Sin embargo, la gente sigue celosa o se siente mal por las cosas que otros les dicen, en la medida en que se convierte en hábito.

Es posible que no se dé cuenta, pero los hábitos son cosas que son difíciles de detener, y estas no son solo las cosas obvias como fumar y beber. Cada acción que tomas en tu vida es el resultado del hábito. Te levantas cada mañana. Te lavas los dientes. Vas a la pequeña habitación. Incluso puedes desayunar. Cada uno de estos son hábitos aprendidos, y cuando haces las mismas cosas repetidamente, puedes aprender a hacerlo de memoria. Ya ni siquiera piensas en ellos.

Sabemos que las vibraciones que necesita emitir para atraer personas felices a su vida son positivas. También necesita que se sientan bien acerca de ser ti mismo. Así que escribe las cosas que disfrutas hacer. Estos le dan grandes pistas sobre lo que necesitas incorporar a tu vida para deshacerte de la negatividad.

Ya hemos cubierto a los culpables que pueden contarse como hábitos negativos. No poder perdonar a los demás y no poder perdonarte a ti mismo son dos hábitos que debes abandonar, y lo he explicado en los capítulos anteriores. ¿Qué pasa con los sentimientos negativos que tienes cuando te obligan a hacer tareas que no disfrutas?

Si puedes cambiar esto y tomarte tu tiempo con ello, y hacerlo con presencia real, descubrirás que las vibraciones que emites son mucho más positivas. No te gusta sacar el contenedor todas las noches. Hazlo, y mientras lo haces, asocia algo positivo con él. La casa no apestará. No le gusta lavar, asocie algo positivo con eso, el agua para lavar va a suavizar su piel. Debe hacer de cada una de estas tareas algo que disfrute o delegar el trabajo a alguien a quien no le parezca un problema.

Ahora, celebremos ser tú. Mira la lista de cosas que escribiste sobre lo que no te gusta de ti. Luego, tacha todos los elementos sobre los que no puedes hacer nada. No puede evitar que su nariz sea grande y, aunque podría tener una operación, puede que no sea viable. Por lo tanto, esto debe tacharse.

Las cosas sobre las que no puede hacer nada y que forman parte de lo que eres, debe ser minimizado porque no es culpa de nadie y sentirse mal por eso no lo ayudará a atraer a personas agradables a su vida.

¿Eres un preocupado? Los preocupados son personas que no atraen a los demás. En lugar de preocuparse, esté en el momento y trate de pensar en este momento como el único que tiene en la vida. ¿Quieres estar lleno de negatividad? Por supuesto no.

Entrar en este momento es muy útil para deshacerse de las cosas negativas sobre quién eres. Debes hacer cosas que te ayuden a quererte y respetarte a ti mismo porque es poco probable que ames a alguien que no respetas ni amas. Hazte agradable.

Aquí hay algunos ejercicios que puedes usar para ayudarte a que te gustes y, finalmente, a amarte más. Estos ejercicios son desinteresados y ayudan a construir su respeto por ti mismo. Eso es vital para la ecuación. Es posible que no haya tenido personas en su vida que fueran confiables y adorables, pero eso puede deberse a que no se amaba lo suficiente.

Si ves personas que son felices y que siempre tienen amigos a su alrededor, estas son personas que han aprendido a amarse a sí mismas de una buena manera. Sus amistades provienen de la Ley de Atracción, y si quieres atraer a buenas personas a tu vida, debes tener el mismo ambiente que ellos. Deshágase de las malas vibras haciendo estos ejercicios regularmente:

• Llama a un amigo y no hables de ti. Habla de ellos. Conviértalos en el centro de la conversación. Esto muestra su humildad y simpatía y es probable que obtenga una buena recepción.

• Ayuda a alguien y no esperes nada a cambio. Hacer esto todos los días te ayuda a que te guste la persona que eres, pero no lo hagas por agradecimiento o gratitud. Hazlo porque quieres.

• Haga un pastel para un vecino solitario y siéntese y tome un café con ellos. De nuevo, no lo hagas por agradecimiento. Hazlo porque quieres hacerlo.

• Reserve una hora al día para hacer lo que quiera hacer.

Estos pasos te ayudarán a comenzar a amar quién eres. Recuerda que el amor no significa egoísmo o que te amas a ti mismo excluyendo a los demás. Simplemente significa ser una persona digna de recibir el amor y el respeto de otras personas. También significa ganarse la autoestima, que es esencial para una felicidad duradera.

Sé amable contigo mismo y no te comprometas en la medida en que pierdas quién eres. Eso es importante porque cuando amas quién eres y estás contento con ello,

los demás también te amarán por eso.

CAPÍTULO CINCO

Por qué y cómo controlar tus emociones

"El modo en que te tratas a ti mismo establece el estándar para otros."

--Sonya Friedman.

Las emociones pueden influir mucho en cómo nos sentimos y nos tratamos. Es un componente convincente de nuestra naturaleza como humanos. Obtener el control completo sobre esto es una de las primeras cosas en las que debe trabajar cuando se busca un alto nivel de autocompasión.

Hay muchas respuestas a la pregunta sobre por qué debemos controlar nuestras emociones. Por supuesto, eres consciente de esto. Si has experimentado enojarte incontrolablemente, podrás enumerar la cantidad de cosas que no deberías haber hecho en un estado de ira alto. Las emociones descontroladas nublan su juicio, le quitan la oportunidad de aplicar lo aprendido y, en el peor de los casos, conducen a la violencia.

La calidad de las relaciones que construimos en casa y en el trabajo depende de nuestra capacidad para usar las emociones correctamente. Las personas que te rodean no van a hacer el ajuste en una relación. Todo comienza con usted. Por lo tanto, es esencial tener control sobre sus emociones que aprender y saber qué hacer.

En este punto, probablemente preguntarás cómo puedes controlar las emociones. Hay una forma científica de tratarlos. En primer lugar, debe "diseccionar" el proceso de cambio emocional. Al conocer bien las partes del proceso, obtendrá una conciencia de dónde puede actuar.

Las siguientes etapas ocurren cuando hay un cambio de emoción:

1. La ocurrencia de un evento externo o estímulos. Un ejemplo perfecto sería encontrarse en un escenario donde necesita caminar a casa usando un camino oscuro y desconocido.

2. Tu voz interior entra en acción. Los psicólogos se refieren a esto como diálogo interno. En el caso del evento que ocurrió como se mencionó anteriormente, su voz interior podría terminar diciéndole la posibilidad de que un ladrón lo esté esperando en el camino.

3. Desencadenamiento de emociones específicas. Empiezas a sentir miedo,

ansiedad y otras emociones relacionadas con el tono de tu voz interior.

4. Toma de decisiones. La acción que tomará dependerá de lo que finalmente decida hacer. Puede proceder y eliminar las emociones negativas que sintió, o puede optar por actuar alejándose.

Si examina el proceso presentado anteriormente, hay dos formas de controlar sus emociones. Puede actuar sobre él antes o después de que se haya activado. Según esta observación, puede seguir los consejos que se encuentran a continuación cuando intente practicar y desarrollar el control de las emociones:

• Conozca su voz interior. Eres tú quien habla. Cambia el tono de la voz si le está diciendo que sea negativo. Inunda tu mente con pensamientos positivos cuando descubras que esta voz interior se hace cargo de lo que quieres que suceda.

• Cuando se ha activado una emoción no deseada, suprima su crecimiento. Hay una regla de 90 segundos que puede usar cuando se trata de esto. Las emociones negativas tienden a persistir y crecer por solo 90 segundos después de haber sido activadas. Después de eso, se disminuyen lentamente. Esto significa que puede retroceder y permitir que esta emoción negativa se escape en lugar de dejarla crecer y mostrar manifestaciones más fuertes.

• La práctica es la clave para dominar el control de las emociones. Siga los consejos presentados anteriormente tan regularmente como sea posible y verá que se convertirán en un hábito. Esto es lo que hace que todo sea efectivo.

Controlar tu emoción es esencial si deseas lograr cosas más importantes con respecto a la autocompasión, la confianza y la autoestima. Si bien puede tomar algún tiempo obtener un control completo y automático sobre sus emociones, no es algo imposible de hacer.

CAPÍTULO SEIS

Autorrealización

Autorrealización, según Abraham Maslow:

(... actualización continua de potenciales, capacidades y talentos, como el cumplimiento de la misión (o llamado, camino, destino o vocación), como un conocimiento más completo y aceptación de la naturaleza intrínseca de la persona, como una tendencia incesante hacia la unidad, integración o sinergia dentro de la persona).

Imagine lo emocionante y satisfactoria que sería la vida si pudiera:

• Interactuar con otros mostrando una actitud abierta, tolerante, libre de prejuicios y conflictos.

• Comprender por qué las cosas son como son e interpretar la realidad sin creencias distorsionadas.

• Di lo que tienes en mente, sin sentirte avergonzado o inseguro.

• Siente que estás haciendo una diferencia en la vida de las personas a través de tu trabajo.

• Vea su profesión como una forma de cumplir su propósito en la vida.

• Maneje su rutina diaria sin problemas, sin desahogar sus frustraciones y agotarse emocionalmente.

• Llegue a sus conclusiones, tenga sus propias opiniones. No sentir la necesidad de complacer a los demás.

• Disfruta las cosas simples de la vida, como sentarte afuera disfrutando del sol o dejar que tu canción favorita te toque emocionalmente.

• Sentirse energizado y emocionado en el trabajo.

• Disfrute de intensos momentos de inspiración y satisfacción en el trabajo o mientras se relaja.

• Tenga amigos que entiendan sus necesidades y sentimientos, y que realmente lo apoyen.

• Siempre se siente inspirado para innovar, para desempeñarse mejor en el trabajo, para encontrar nuevas formas de hacer la vida más interesante.

• Haz que los demás se sientan bien y muestra tu sabiduría a través de tu ingenioso sentido del humor.

• Enfoque la vida con una actitud flexible y optimista que le permita adaptarse fácilmente a los cambios en el trabajo, la vida o la sociedad.

¡Es posible disfrutar de tales experiencias y sentimientos, según Abraham Maslow!

Abraham Maslow era un psicólogo estadounidense y profesor universitario que desarrolló una teoría de la motivación humana que consistía en una jerarquía de necesidades (Jerarquía de necesidades de Maslow) que debía satisfacerse para que las personas lograran la autorrealización. Este era un estado donde se satisfacían las necesidades más importantes de las personas, donde se daban cuenta de su potencial en la vida y dejaban de lado las creencias y actitudes negativas, equivocadas y de mente estrecha.

Maslow reconoció que muy pocas personas lograban alcanzar la autorrealización, pero su teoría sirvió como guía para aquellos que querían vivir una vida más satisfactoria y placentera.

La Jerarquía de necesidades de Maslow ha sido utilizada cada vez más por entrenadores de vida, entrenadores deportivos, departamentos de recursos humanos y otros que desean guiar a las personas hacia el logro de su potencial y vivir plenamente la vida.

Jerarquía de necesidades de Maslow: un manual de vida

La Jerarquía de necesidades, junto con los rasgos de las personas que alcanzan la autorrealización (realización de todo el potencial de uno) podría verse como un manual para vivir una vida gratificante, interesante y significativa. Muchos libros de autoayuda se han tomado de las ideas de Maslow.

El viaje hacia la autorrealización es exigente, pero las recompensas valen la pena, suponiendo que desee aumentar sus probabilidades de lograr una vida satisfactoria, significativa y rica.

Esperamos que este capítulo sirva como punto de partida para aquellos que desean eventualmente alcanzar un estado de autorrealización o acercarse lo más posible a la cima de la pirámide de Maslow.

Jerarquía de necesidades de Maslow

La Jerarquía de Necesidades de Maslow describe las necesidades fisiológicas y psicológicas que deben satisfacerse para que los humanos alcancen su máximo potencial o se auto actualicen. Estas necesidades nos motivan a seguir creciendo y siempre deseamos más de la vida.

La jerarquía consta de seis pasos, desde necesidades básicas hasta necesidades de nivel superior:

1. Necesidades fisiológicas, incluidos alimentos, agua y refugio.

2. Necesidades de seguridad, como salud, estabilidad social y empleo.

3. Necesidades de amor y pertenencia, incluyendo amistad, intimidad y pertenencia.

4. Necesidades de estima, como la autoestima, el respeto de los demás, sentirse útil.

5. Necesidades de autorrealización, como cumplir con su propósito y potencial, aceptarse a sí mismo, experimentar la vida profundamente.

6. Necesidades de auto trascendencia, como ser desinteresado, caritativo, de mente abierta.

Abraham Maslow creía que debemos satisfacer cada una de estas necesidades al menos parcialmente para alcanzar la autorrealización. También creía que pocos pueden alcanzar los niveles más altos de su jerarquía, ya que la mayoría de las personas pasan sus vidas lidiando con necesidades de nivel inferior, como descubrir sus carreras ideales o lidiar con una baja autoestima y autoconfianzas.

Características de las personas autorrealizadas

Maslow también afirmó que una vez que las personas alcancen la autorrealización / trascendencia personal, mostrarán las siguientes características:

1) Percepción superior de la realidad: ser capaz de interpretar la realidad sin creencias distorsionadas o prejuicios.

2) Mayor aceptación de uno mismo, de los demás y de la naturaleza: aceptarte a ti mismo como eres y ser tolerante con los demás y sus defectos y contradicciones.

3) Espontaneidad: sentirse cómodo haciendo y diciendo lo que quiere hacer y decir, sin sentirse inhibido.

4) Actitud centrada en el problema: centrándose más en el mundo exterior que en el mundo interno. Tener una misión en la vida.

5) Sentirse desapegado/necesitar privacidad - Cómodo estar solo. Capacidad para mantener la calma en situaciones agitadas.

6) Autonomía: no sentir la necesidad de encajar. Confiar en tu juicio.

7) La frescura de la apreciación: apreciar la naturaleza y las cosas básicas de la vida con una actitud lúdica y abierta.

8) Disfrutar de más experiencias cumbre: sentir maravillas intensas, emoción, alegría y fluir con frecuencia.

9) Una conexión más profunda con la humanidad: mostrar más compasión, tolerancia y humanidad hacia los demás.

10) Relaciones interpersonales profundas: disfrutar de amistades íntimas con un pequeño número de personas.

11) Carácter democrático: valorar y respetar las necesidades y los derechos de todos, independientemente de su raza, clase social, religión, etc.

12) Mayor creatividad: tener ideas originales, actitudes innovadoras y habilidades únicas para resolver problemas.

13) Un sentido del humor no hostil: aceptar sus limitaciones. Capacidad para reírse de sí mismo y ver el humor en la vida cotidiana.

14) Ciertos cambios en el sistema de valores: acepte que los cambios son constantes. Siempre es necesario ser flexible y adaptarse.

Percepción superior de la realidad

Ahora que tiene una mejor idea de qué se trata la autorrealización, aprenderá cómo aplicar creencias, pensamientos y acciones que lo ayudarán a adquirir esos rasgos que Abraham Maslow identificó en las personas que consideraba autorrealizadas.

Percepción superior de la realidad: ser capaz de interpretar la realidad sin creencias distorsionadas o prejuicios.

"Nada puede lastimarte tanto como tus propios pensamientos desprotegidos". - Buddha-

La primera característica de las personas autorrealizadas, tener una percepción superior de la realidad, se refiere a la capacidad de ver más allá de la cubierta brillante. Para descubrir imágenes falsas.

Alguien con una percepción superior de la realidad tiene cierta sabiduría que les permite comprender las situaciones que enfrentan sin distorsiones. Pueden dejar de lado cualquier prejuicio y creencia, y evaluar por qué los eventos se desarrollan como lo hacen. Entienden los motivos detrás de comportamientos, pensamientos y sentimientos inconsistentes.

Cómo desarrollar una percepción superior de la realidad

Si aspira a tener una percepción más objetiva de la realidad, debe comprender sus patrones de pensamiento subconsciente y cómo lo llevan a reaccionar ante situaciones cotidianas de manera predecible.

Identifica tus creencias

Para descubrir sus patrones de pensamiento, es útil hacer una lista de:

• Actitudes prejuiciosas que pueda tener

• Su hábito de juzgar a los demás.

• Tus opiniones políticas

• Tus creencias religiosas

• Tu necesidad de tener razón

Una vez que tenga una idea más clara de los filtros a través de los cuales ve la vida, el mundo y cómo interpreta los eventos, se hace más fácil identificar cualquier distorsión negativa que tenga que le dificulte evaluar con precisión las situaciones y comprender por qué las personas hacen decisiones que toman

Cómo cambiar tus creencias

Por supuesto, no es suficiente entender las raíces de tu pensamiento distorsionado. Tendrá que hacer un gran esfuerzo para modificar o eliminar cualquier creencia que nuble su percepción y juicio. Romper los hábitos mentales que llevas años y años no es fácil, pero es posible lograrlo con suficiente autodisciplina y determinación.

Una forma relativamente simple de mejorar su percepción de la realidad es aprender más sobre historia, eventos actuales, sociología, psicología y política. Puede leer biografías, ver documentales, escuchar audiolibros o buscar en Internet artículos sobre estos temas.

Tener al menos un conocimiento básico de los temas anteriores y mantenerse al día con las noticias lo ayudará a desarrollar una mejor comprensión de los patrones que existen en la sociedad y cómo estos patrones hacen que las personas se comporten de la manera en que lo hacen.

Hay muchos ejemplos de comportamientos inconsistentes que se vuelven más claros una vez que tiene más conocimiento e información:

• Políticos que votan en contra de los intereses de sus partidarios para complacer a los donantes políticos.

• Empresas que se abstienen de despedir a malos empleados por temor a demandas por discriminación.

• Celebridades que apoyan causas conservadoras para ocultar su comportamiento pasado.

¿Cómo construir tu autoestima para combatir la depresión?

La depresión afecta significativamente su autoestima; por lo tanto, una de las formas efectivas de combatir la depresión es abordar su autoestima. Una vez que construye su autoestima, puede manejar mejor la depresión y superarla.

A continuación, se presentan formas efectivas de desarrollar su autoestima:

Silencie a su autocrítica: todos tienen una crítica interna. Un crítico interno puede alentarlo a hacer cosas, hacer cosas para obtener la aceptación de los demás o desanimarlo y hacer que se sienta mal consigo mismo. Siempre busque maneras de minimizar la voz crítica en su cabeza y reemplácela con un diálogo interno positivo. El diálogo interno positivo lo elevará y lo hará sentir mucho mejor consigo mismo.

Tenga pausas breves: tener mucho en su plato puede empeorar la depresión, y es posible que desees humillarte por no cumplir con todas sus responsabilidades. Para asegurarse de que no te sientas más abrumado de lo que ya estás; Un breve descanso puede ser todo lo que necesita. Un breve descanso te da tiempo para rejuvenecerte. Los descansos también te dan la oportunidad de apreciar lo que has hecho hasta ahora y qué hacer a continuación. Una vez que veas que has logrado bastante, te sentirás mucho mejor, y esta mejora hace que sea más fácil lidiar con la depresión.

Siempre haz lo correcto, pero no persigas el perfeccionismo: es posible que no siempre sepas o hagas lo correcto. Sin embargo, al enfocarte en ello y hacerlo a tu mejor nivel, obtendrás mejores resultados y cambiarás cómo te sientes acerca de ti mismo. Por otro lado, el perfeccionismo puede evitar que lo intentes y hacer que postergues, lo que conducirá a cero resultados que empeorarán la depresión. Solo recuerda que siempre hay margen de mejora.

Aprende formas positivas de manejar las fallas: cada vez que intentes algo nuevo, es probable que tropieces y caigas. ¡Este no debería ser el final del camino! ¿Por qué no convertirte en tu mejor amigo? Piensa en cómo tus padres o tu mejor amigo te habrían cuidado y apoyado y haz lo mismo por ti mismo. Al hacerlo, evitarás descender al pozo de la desesperación y serás más constructivo después de que el primer dolor inicial de fracaso comience a disiparse.

Sé más amable con los demás: ser amable con los demás no solo te ayuda a tratarte y a pensar amablemente en ti mismo, sino que también causa un efecto dominó donde otros te tratan de la misma manera. Puedes ser más amable al:

No compararse con los demás: Es probable que conozca a personas que son mejores que tú en algo e incluso personas que actualmente tienen más que tú. Compararse con alguien forma un hábito destructivo que no lleva a ninguna parte, sino al fracaso.

Recuerda que tú también eres mejor que otros; Entonces, ¿por qué no puedes ver esto y apreciar lo que tienes en lugar de tratar de compararte a ti mismo? Porque esto te hace sentir peor contigo mismo y te hace dejar de concentrarte en tus objetivos.

CAPÍTULO SIETE

Permítete celebrar las victorias diarias

Tus juicios producen acciones. Espero que eso quede claro. Cuando percibes una situación y la encajas en tu narrativa personal, emerges un juicio. El juicio nunca es neutral porque tiene un componente emocional. Estás motivado para responder emocionalmente, ya sea positiva o negativamente. Este estado emocional desencadena acciones. En última instancia, tus juicios producen acciones. Tu nivel de confianza objetivo y observable es una acción que procede de una fuente interna. Sé claro sobre esto. Cuando te sientes seguro, es una acción porque permitiste que tus emociones te impactaran. O trabajas tu sentido de autoaceptación, y se activa un sentido de dominio. Tenga en cuenta el hecho de que tus sentimientos de autoconfianza son acciones en sí mismas. Es posible que no sientas que estás actuando. Puede parecer que todo esto está ocurriendo en sus emociones, pero no te equivoques al respecto; Esta es una acción. ¿Por qué?

La autoconfianza como acción

Cuando te sientes seguro de ti mismo, se refleja en tus expresiones faciales. Se refleja en las palabras que eliges al expresarte. Se refleja en otras señales que envías al mundo. Estas pueden ser señales no verbales, pero no importa. Cuando te encuentras en un cierto estado emocional, y desencadenas una sensación de confianza, comienzas a enviar estas señales. Debes ser consciente de esto porque estás actuando en tu mundo.

La realidad: el mundo siempre te está juzgando

Comprende que cuando estás actuando en tu mundo, el mundo se sentará y prestará atención. Como sigo repitiendo, a riesgo de sonar como un disco rayado, al mundo no le puede importar menos tus sentimientos. Se preocupan por tus acciones. Cuando comienzas a actuar, constantemente estás siendo evaluado. Ten en cuenta tus acciones. Se más intencional en las señales que envías. Elige tus señales con cuidado. Si lo haces, creas un ciclo de retroalimentación positiva en términos de mayor y mayor autoconfianza. Así es como lo haces.

Las personas seguras actúan de una manera que aumenta aún más su confianza

Cuando te activas con emociones positivas y comienzas a actuar positivamente, creas un ciclo de retroalimentación. Te sientes bien por dentro. Envías buenas señales. El mundo exterior lo reconoce. Esto puede tomar la forma de algo tan simple como una sonrisa. Cualquiera que sea el caso, es una especie de validación de afuera o externa. Cuando obtienes ese reconocimiento o apreciación, entonces te sientes aún mejor, lo que posteriormente te desencadena a emitir aún más señales, que luego pueden desencadenar otra ronda de reconocimientos positivos.

No dejes que esto se desarrolle al azar. No dejes que esto se desarrolle de vez en cuando. Es tu trabajo desencadenar esto de manera consciente, voluntaria y deliberada. Necesitas construir un circuito de retroalimentación sólido donde sea que estés y lo que sea que estés haciendo. Así es como operan las personas seguras. Es por eso que pueden estar seguros las 24 horas del día, los

7 días de la semana. Pueden hacer esto conscientemente sin pensar demasiado. Simplemente lo hacen como un pez se lleva al agua.

Leer juicios negativos automáticamente erosiona tu confianza

Si estás pasando un momento difícil con tu autoconfianza porque constantemente sientes que estás viviendo en un mundo hostil donde la gente siempre se burla de ti, te degrada, te disminuye y, de lo contrario, te desanima, tal vez sea porque tiene acumuló un ciclo de retroalimentación negativa.

Del mismo modo que las personas seguras han logrado construir una espiral ascendente de niveles crecientes de autoconfianza al trabajar con señales externas debido a cómo emiten juicios, es posible que se quede atrapado en un sistema que funciona de la otra manera. Puedes estar eligiendo señales externas de una manera que activa su narrativa personal negativa para producir juicios negativos, que producen emociones negativas o estresantes. Luego actúas, y esto envía señales negativas al mundo, que luego te lo devuelve, y luego bajas a otro nivel. Esto se repite hasta que bajas y bajas y bajas hasta que te sientes mal contigo mismo.

Este no tiene que ser el caso. La lectura automática de juicios negativos erosiona tu confianza. Se consciente de esto. Por lo tanto, debe detenerse en tus pistas. Si tienes una narrativa personal negativa, comprende que la tienes. Comprende que debes ser más proactivo en la edición de su realidad personal.

En pocas palabras, si hay dos lecturas alternativas para una señal, elija las que causen menos daño. Idealmente, elija la que sea positiva o al menos neutral. Cuanto más éxito tenga con esto, más y más sus juicios se convertirán en elecciones conscientes. Se necesita acostumbrarse. Déjame decirte que esto no es automático. La mayoría de la gente no hace las cosas de esta manera.

Sin embargo, cuanto más decidido seas porque simplemente optaste por ser más consciente de cómo eliges juzgar las señales que ves desde el mundo, más pronto podrás voltear el guion. En lugar de que sus interacciones con el mundo conduzcan necesariamente a una espiral descendente, puede hacerlo de la otra manera. Puedes hacerlo produciendo una espiral ascendente.

CAPÍTULO OCHO

Practica afirmaciones en dos niveles

Si está leyendo este libro, probablemente
haya leído al menos un libro de autoayuda
en el pasado. Por lo menos, lo más probable
es que se haya dado cuenta de un concepto
llamado afirmaciones; y la afirmación, por
supuesto, es una declaración que te dices a ti
mismo para ayudarte a reprogramar
mentalmente ciertos aspectos de tu realidad.
Estas son declaraciones que pueden
ayudarlo a sentirse más efectivo, más
exitoso y seguro. Los medios de
comunicación o las representaciones de
Hollywood de nuestras afirmaciones tienden
a ser cursis y de dibujos animados. A
menudo caricaturizan a las personas que
usan afirmaciones. Piensa en Stuart Smalley.

Bueno, dejando de lado el tratamiento cómico o despectivo de Hollywood de las afirmaciones, la razón por la cual millones de personas practican las afirmaciones en todo el mundo todos los días es que funcionan. Te ayudan a organizar tu realidad. Te ayudan a reprogramarte a ti mismo. Entonces, en lugar de asumir automáticamente lo peor, eliges conscientemente dar un giro positivo a las señales que percibes del mundo. En pocas palabras, puede usarlos para aumentar su confianza.

Ahora, aquí está el secreto. Por poderosas que sean las afirmaciones, debes basarlas en algo objetivo. No puedes simplemente mirarte en el espejo y decir: voy a volar como un águila. ¿Qué significa eso? ¿Como puedes hacer eso? ¿Tienes alas de águila? ¿Tienes un jet pack? ¿Ves a dónde voy? Tus afirmaciones tienen que basarse en algo objetivo con respecto a tus recursos existentes, tu realidad existente o tus capacidades existentes. En otras palabras, debes construirlos sobre algo real.

Creo que la mejor manera de resaltar el punto es comparar la autoafirmación con la autohipnosis. La autoafirmación funciona con lo que tienes. Por ejemplo, te gusta cantar, y algunos en el pasado te han felicitado por tu voz. En consecuencia, tiene mucho sentido mirarse al espejo y decirse a sí mismo que es un gran cantante. Impactas positivamente la vida de las personas. Eres una bendición para otras personas. Cuando dices esas cosas, no te estás mintiendo a ti mismo porque, en el pasado, la gente te ha felicitado por tus habilidades para cantar. Esto viene de alguna parte. No es como si estuvieras sacando cosas del aire delgado y azul, e inventando cosas a medida que avanzas.

Compara esto con decirte a ti mismo que eres un gran cantante cuando nadie te ha felicitado en el pasado. Te molesta tu voz porque suena exactamente como un gato que está siendo molido en el compartimento del radiador de un coche. En esa situación, tu afirmación no tiene una base objetiva.

En consecuencia, usted solo se dedica a la autohipnosis. Simplemente estás deseando y esperando que tu realidad sea de alguna manera diferente. Ahora, no me malinterprete. No digo que la autohipnosis sea una completa pérdida de tiempo, y no vale la pena hacerlo. Para ciertas personas, puede funcionar. Para ciertas personas, en situaciones lo suficientemente desesperadas, esta podría ser una buena alternativa.

Sin embargo, para la mayoría de las personas, el mejor enfoque sería la autoafirmación basada en la realidad. Cuando practicas la autoafirmación usando evidencia objetiva, esencialmente solo estás reprogramando tu mente. Tu mente sabe lo que es real y lo que no es real. Tu mente puede distinguir entre un plan y una meta, o una esperanza y un deseo. No necesitas recordarte a ti mismo. Cuando se alimenta de afirmaciones basadas en la realidad, esto aumenta la probabilidad de que sus afirmaciones aumenten su confianza. Experimentaría menos resistencia, y le sería más fácil desarrollar esa espiral ascendente entre la confianza interna y la validación externa.

¿Por qué las afirmaciones son tan poderosas?

Bueno, las afirmaciones son tan poderosas porque te permiten reprogramarte conscientemente. Cualesquiera que sean los hábitos mentales que hayas adquirido en el camino, puedes reorganizarlos deliberadamente. Puedes "desinstalarlos" intencionalmente. Luego puedes instalar un nuevo "software mental". Lo que hace que la afirmación sea tan poderosa es que es un proceso consciente. Compare esto con cómo ha tomado los hábitos mentales. Lo más probable es que los hayas tomado de tus padres o una experiencia traumática. En otras palabras, no eras tan consciente de cómo sucedió.

Sin embargo, tenga en cuenta que todavía es una opción. Aún elegiste aferrarte a esa mentalidad; sin embargo, todo el proceso puede haber jugado de tal manera que no fue evidente y claro para ti. No fue claro. Aquí, todo está claro porque sabes con qué estás tratando. Conoces tu realidad actual. Sabes que no eres feliz. Luego tomas un rumbo diferente y conscientemente te haces afirmaciones que cambiarían tu mundo interior. Estos son los cambios que elegiste. Estos son cambios que has decidido implementar.

Muchos tipos de afirmaciones

Como mencioné anteriormente, la representación de afirmaciones de Hollywood o los medios de comunicación es que involucra a alguien sentado frente a un espejo y hablando consigo mismo. Involucra a alguien que dice que eres lo suficientemente bueno; eres guapo, eres listo; eres inteligente; Gente como tú. Bien,

esa es una forma de hacer afirmaciones.
Puedes hablar contigo mismo en un espejo.

Sin embargo, otras personas practican
afirmaciones de diferentes maneras.
Algunos usan mantras. Otros recitan en
silencio usando técnicas de atención plena.
Otros solo se centran en un solo objeto. Por
ejemplo, estás en una habitación de tu casa,
y solo estás mirando al frente, o cierras los
ojos y cuentas tu respiración. Cualquiera que
sea el caso, hay muchas maneras de
practicar la afirmación. Solo porque
finalmente se reduce a alguna afirmación
que dices en voz alta o pienses. No significa
necesariamente que deba sentarse frente a un
espejo para practicar afirmaciones.

Vaya más allá de las afirmaciones comunes

Hay muchas maneras diferentes de hacer afirmaciones y, por supuesto, la más fácil es elaborar una lista de declaraciones que sientas que cambiarían su realidad. Ese es un buen lugar para comenzar. En este punto, ya tienes una idea clara de cuál es tu narrativa personal; probablemente también tengas una idea clara de ciertas declaraciones que desempaquetan o interrumpen esa narrativa personal. Cuando repites estas declaraciones, puedes recorrer un largo camino para cambiar su narrativa personal y aumentar su autoestima al extender tu autoconfianza.

Sin embargo, hay muchas maneras de desollar al gato, por así decirlo. Una forma es percibir la retroalimentación activa del mundo exterior y luego convertirla en afirmaciones. Por ejemplo, estás cantando en un bar, y la gente te sonríe y dice que tienes una voz increíble. Gracias por alegrarme la noche. Gracias por hacerme ver esa canción en una luz completamente diferente. No puedes evitar sentirte bien. No puedes evitar sentirte satisfecho por el hecho de que tocaste la vida de alguien. Has marcado la diferencia en la vida de alguien, al menos en ese momento. Luego te concentras en esta retroalimentación y haces ciertos juicios a partir de eso.

Puedes decir que puedes tocar la vida de las personas positivamente. Puedes hacer feliz a la gente. Puedes darle significado a la gente, etc. Comienzas con comentarios y luego los conviertes en una afirmación. ¿Por qué es esto poderoso? Bueno, comienzas con la realidad objetiva. Esa persona se acercó a ti y te felicitó. Ocurrió. Esta es una realidad subjetiva. Puedes recordarlo. Puedes recordar los detalles, así que construyes la afirmación sobre eso. Este tipo de afirmaciones son más poderosas porque se basan en la realidad objetiva. No es algo que creas que se puede concluir razonablemente de lo que has hecho en el pasado. No, esto sucedió. Este es el juicio más lógico de tu evaluación favorable de ti. ¿Viste cómo funciona esto?

Es por eso que la retroalimentación de percepción activa es tan poderosa como una forma de afirmación. Si recibes muchos comentarios positivos, o si puedes recordar ciertos comentarios positivos intensos, infórmate en ellos y conviértelos en afirmaciones.

Otro enfoque que podría adoptar es ser comentador de lo que está sucediendo. Básicamente, solo observas los pensamientos que ocurren en tu mente. Te echas para atrás y no te dejas atrapar emocionalmente. Es algo así como ver las nubes pasar por encima justo antes de una tormenta. Lo que usted hace es darse cuenta de que se están formando estos juicios y, posteriormente, tomar el control del proceso. Empiezas a juzgar los pensamientos que comienzas a formar de una manera poderosa. En lugar de enfocarte en lo negativo instintivamente, comienza a buscar objetivos, puntos positivos y quédate con ellos. Haga eso con un pensamiento, luego otro y otro hasta que se convierta en un hábito. Esta es una forma convincente de practicar afirmaciones porque la afirmación en sí misma no toma forma de palabras, sino que toma la forma de una realización mental.

Finalmente, puede posicionar la retroalimentación que está recibiendo del mundo para que alimente un ciclo de retroalimentación positiva. La gran diferencia aquí es que estás verbalizando el ciclo de retroalimentación. Te estás explicando en palabras claras lo que estás haciendo. Te estás diciendo a ti mismo bien, esa mujer me sonrió. Esto significa que soy un tipo decente. Esto significa que no soy un extraño amenazante, y esto es algo bueno. Entonces, conscientemente te guías por el proceso de desarrollar un ciclo de retroalimentación positiva.

Mate el diálogo interno negativo

Todos participamos en el diálogo interno. No te engañes pensando que estás completamente en silencio por dentro. Todos nosotros participamos en el diálogo interno. Tienes que permitirte atraparte en

un diálogo interno. Siempre te estás
hablando a ti mismo en algún otro nivel.
Ahora, esto no tiene que tomar la forma de
alguien que habla en voz alta consigo mismo
y que tiene una conversación con ellos
mismos en un área pública; Puede ser un
pensamiento silencioso.

Podrías estar sentado con tus amigos en un
bar, y alguien dice algo molesto, y luego
puedes escucharte dentro haciendo un
monólogo interno que dice: Oh, ya sabes, lo
que Jeff dijo se refiere a mí. Soy una mala
persona. ¿Por qué hice eso? Podría haber
tratado bien a esa persona, pero en su lugar,
elegí actuar como un imbécil, y sigue y
sigue.

Existe este monólogo interno que se
desencadena por estímulos externos, y
comienzas a hablar contigo mismo. Otras
personas no pueden escuchar, pero aun así

ocurre porque estás involucrado en un monólogo interno. Está perfectamente bien porque todos hacen esto. De hecho, según estudios científicos, las personas a menudo piensan vocalmente. En otras palabras, cuanto más piensan, más se activan sus músculos vocales. Por supuesto, esto es más agudo en algunas personas que en otras; Sin embargo, hay una conexión entre nuestros pensamientos y nuestras cuerdas vocales. Es como si tratamos de expresar nuestros pensamientos. Esto sucede por defecto.

El diálogo interno está perfectamente bien

Lo importante es que te vuelvas consciente de tu diálogo interno y tu narrativa personal. Tu diálogo interno alimenta tu narrativa propia. Forma un sistema autor reforzante con tu narrativa. Asegúrate de que la narrativa personal que has seleccionado conscientemente, que es la narración personal de un ganador o una persona segura, se alinee con su diálogo interno. Asegúrate de que cualquier diálogo interno en el que participes desarrolle autoconfianza. No te equivoques al respecto. Mucha gente entabla conversaciones internas donde se dicen a sí mismos: Oh, idiota o me equivoqué; Soy un gran perdedor. Ya sabes, a menudo dicen estas cosas para expresar frustración, el evento, en muchos casos, expresan alivio. Cualquiera sea el caso; sienten que simplemente se están soltando.

Sin embargo, déjame decirte que estas no son palabras neutrales. Cuanto más te dices a ti mismo: no tengo dinero o estoy en bancarrota; Soy un perdedor; No puedo hacerlo; Soy un fracaso; y así sigues y sigues; es cuanto más reprogramas tu narrativa para reflejar esa realidad. En última instancia, llegas a un punto en el que, independientemente de cuán positiva pueda ser la señal externa, cuando lo asimilas todo y lo encajas en tu narrativa, sale el veredicto. Eres un perdedor. No lo tienes en ti. Vas a fallar ¿Viste cómo funciona esto?

Es porque dejaste que tu descuidado diálogo interno socavara tu narrativa y tu autoconfianza se unieran en la punta.

Utilice el seguimiento negativo del diálogo interno para hacer una purga mental

Necesito que lleves un diario sobre tu diálogo interno. Intenta seguir tu diálogo interno. En el espacio de un día, ¿cuáles son los tipos de declaraciones que normalmente dices en silencio? Te dices a ti mismo que ¿eres una persona hermosa? Personas como yo. Soy una persona exitosa. Sé cómo ganar dinero. Voy a lugares en la vida. En consecuencia, te dices a ti mismo, soy un perdedor; No tengo dinero; Estoy en quiebra ¿Por qué la vida es injusta?, etcétera

Ahora, no quiero que juzgues tu diálogo interno. Necesito que lo escribas todo y luego lo rastrees. Cuando hayas hecho esto durante un par de días, deberías poder ver ciertos patrones. Deberías poder ver que tiendes a pensar en temas definidos. ¿Te ves como una víctima? ¿Te ves como una persona a la que le pasan cosas por el pasado o por personas que no puedes controlar? O te ves a ti mismo como alguien que tiene un papel activo en hacer que las cosas sucedan.

Lo importante aquí es que debes ser completamente honesto al describir tu diálogo interno. No sientas que estás escribiendo este informe porque estás tratando de impresionar a otras personas. El punto es llegar a una evaluación honesta de cómo piensas. Una vez que hayas logrado todos tus patrones y te hayas acostumbrado a escribir tu diálogo interno, necesito que revises el registro.

Esté atento a lo siguiente y anúlelos conscientemente. No puedo enfatizar este punto lo suficiente. Detecte estos problemas y luego, la próxima vez que participe en un diálogo interno, esté atento a estos y anúlelos. En el momento en que los veas, anúlalos. Interrúmpelos. Haga lo que sea necesario para evitar comprometerse y completar el proceso negativo del diálogo interno. Quizás necesites superponer una lectura más positiva. Cualquiera que sea el caso, esté atento a un diálogo interno negativo.

Busque patrones en los que sienta que merece cosas negativas. Busque patrones en los que te conviertas en víctima. Busque patrones en los que sienta que las cosas son solo cuestión de suerte y que tiene una gran cantidad de mala suerte. ¿Ves el patrón aquí? Por lo tanto, busque patrones similares y esté atento a ellos.

Hay mucho en juego. Cuando participas en un diálogo interno negativo y no te controlas a ti mismo, te sentirás culpable todo el tiempo. Un sentimiento de arrepentimiento llenará tus pensamientos o al menos será un factor significativo en tus pensamientos. Constantemente te compararás con los demás. Esto está bien si sale del lado ganador, pero el problema es que la mayoría de las personas que participan en un diálogo interno negativo se comparan y se configuran de manera tal que pierden la comparación.

Además, cuando constantemente participas en un diálogo interno negativo, temes el rechazo. Temes el fracaso y, en última instancia, terminas sintiendo que simplemente te juzgan todo el tiempo y te quedas corto. Entonces, hazte un gran favor y haz una purga mental de diálogo interno negativo. No voy a mentirte y decirte que esto será fácil; Sin embargo, es necesario. Vale la pena hacerlo, y vale la pena hacerlo ahora.

CAPÍTULO NUEVE

Impacto de la salud en tu estado de ánimo

¡Este es uno grande! Hay un dicho: "eres lo que comes". La comida que comes tiene un GRAN impacto en tu cerebro. Ciertos químicos se liberan en el cerebro dependiendo del tipo de alimento consumido.

Por ejemplo, el consumo de ácidos grasos omega-3, que se encuentran en el salmón, las nueces y la fruta de kiwi, respalda la plasticidad sináptica y afecta positivamente las moléculas relacionadas con el aprendizaje y la memoria que se encuentran en las sinapsis.

La deficiencia de ácidos grasos omega-3 puede conducir a un período de atención más corto, cambios de humor inestables e incluso trastornos como depresión, dislexia y demencia.

Las dietas altas en grasas saturadas se están reconociendo por reducir las moléculas que apoyan el procesamiento cognitivo y aumenta el riesgo de disfunción neurológica. Muchas veces, la procrastinación, el mal humor, el desánimo, el miedo, la ansiedad, la falta de concentración y el pensamiento poco claro se remontan a las dietas poco saludables.

Déjame compartir una experiencia personal. Solía tomar un desayuno abundante en la mañana que incluía pan, leche, frijoles germinados, huevos, etc. Pensé que era bastante saludable porque contenía todos los nutrientes necesarios. Pero había un pequeño problema.

No podía concentrarme en el trabajo desde la mañana hasta media tarde. Era como estar en una bruma. Mi enfoque estaba en todo el lugar. No podía pensar correctamente. Sentí que una espesa niebla cubría mi cerebro.

Después de leer TONELADAS de libros y artículos en línea, decidí cambiar a un batido verde por la mañana. Contenía vegetales de hoja verde, nueces, aceites esenciales y algunas frutas. Como probablemente pueda adivinar, al principio sabía MAL, pero experimenté con diferentes frutas y obtuve una combinación que sabía bien.

Ahora, para la parte importante: desde el PRIMER DÍA que cambié de un desayuno pesado a un batido verde, mis mañanas se transformaron por completo. Mi mente se volvió extremadamente clara y enfocada. Ahora podría concentrarme adecuadamente en una actividad sin ser molestado por pensamientos negativos al azar. Ahora podía hacer la misma cantidad de trabajo en medio día que solía llevarme un día entero.

Suena increíble, ¿verdad? También fue una revelación para mí. Siempre supe que la comida saludable era buena para el cuerpo y la mente, pero nunca esperé que los resultados fueran tan dramáticos.

En pocas palabras: mira lo que comes. ¡Tiene un impacto significativo!

Punteros básicos para mantener una buena salud

A. Coma Limpio

Piense en la comida como combustible para el cuerpo, y querrías combustible de buena calidad dentro de su cuerpo. Comienza agregando más frutas y verduras frescas en su dieta. No se preocupe demasiado por reducir los alimentos malos. Descubrí que, si comienzas a agregar más alimentos saludables en tu dieta, la cantidad de alimentos malos disminuye automáticamente.

Reduce tu ingesta de azúcar tanto como puedas. Deja de comer alimentos fritos, cocidos o asados. Prueba el aceite de oliva para cocinar. Es una alternativa mucho más saludable a los aceites de cocina normales. Asegúrese de tomar también aceite omega-3, por sus numerosos beneficios. Agregue una ensalada verde con cada comida. Coma alimentos con bajo IG, que estabilizan el azúcar en la sangre y proporcionan energía durante todo el día. Busque "alimentos con IG bajo" en Google para obtener una gran lista de alimentos con IG bajo.

Come los tipos correctos de carbohidratos. Cambie de carbohidratos simples (arroz blanco, pan blanco, pasta blanca, papas) a carbohidratos complejos (pasta integral, avena, pan integral, verduras y lentejas), que se descomponen lentamente en el cuerpo, dándole un flujo constante de energía durante todo el día. No necesitas mucha proteína. La cantidad recomendada es - 0.8 gramos por kilogramo de su peso corporal en un día. Y aunque es posible obtener los 20 tipos diferentes de proteínas completamente de fuentes vegetales (mucha información disponible en libros e Internet), será un poco difícil. Puedes agregar una pequeña cantidad de lácteos o carnes limpias como el pollo a su dieta principal de frutas y verduras. Esto asegurará que obtenga toda la gama de aminoácidos fácilmente.

Si lleva una dieta equilibrada con una amplia gama de frutas y verduras, habrá suficientes vitaminas y minerales incluidos en su dieta. Busque en línea la cantidad recomendada de vitaminas y minerales por día. Debería cumplir fácilmente estos requisitos si sigue las pautas anteriores. De lo contrario, consulte a su médico para obtener un buen suplemento de vitaminas y minerales. Hará maravillas por su salud y bienestar.

B. Beba suficiente agua

El agua constituye alrededor del 50-60% de nuestro cuerpo. Está dentro de nuestras células, sangre, tejidos y otras partes del cuerpo. Muchos procesos corporales (como la sudoración) nos hacen perder agua rápidamente. Solo sudar puede usar hasta medio litro de agua en una hora. En climas extremos, esa cantidad puede elevarse a dos litros de agua consumidos en una hora.

Incluso una disminución del 2% en el nivel de contenido total de agua del cuerpo, reduce nuestra capacidad de desempeñarnos al máximo nivel mental y físico. Si continúa trabajando sin beber agua, comenzará a sentirse irritable y cansado, junto con mayores posibilidades de tener calambres musculares. La disminución del 5% en el nivel total de agua del cuerpo causa fatiga extrema y somnolencia. Puede causar visión alterada y sensación de hormigueo en todo el cuerpo. La pérdida del 10-15% en los niveles de agua causa arrugas en la piel y el mal funcionamiento los músculos. Cualquier pérdida mayor que eso es a menudo fatal.

Tal es la importancia del agua para nuestra salud. Beba al menos 2 a 4 litros de agua al día, dependiendo de las condiciones climáticas en las que vive y la cantidad de actividad física que realiza. Cuanto más extremo sea el clima, más agua necesitará para preservar su nivel de agua. Beber de 2 a 4 litros de agua es considerado seguro por muchos expertos. Consulte a su médico para saber exactamente cuánto necesita según su condición única.

C. Ejercicio

Es bien sabido que el ejercicio es bueno para nuestra salud. Menos conocido es el TIPO de ejercicio que necesitamos y su duración. La investigación muestra que para muchas personas, una caminata rápida de 15 minutos (caminar a unos 6 km/h) es el ejercicio ideal, ya que no es demasiado estresante para el cuerpo y aumenta el flujo de oxígeno.

Es una de las pocas actividades físicas que puedes hacer toda tu vida. Incluso las personas mayores pueden caminar a paso ligero con facilidad. Cuanto más joven comience, más beneficios obtendrá a largo plazo. No importa cuál sea su edad, es mejor comenzar a hacer ejercicio si aún no lo estás haciendo. A una edad temprana, el cuerpo puede soportar actividades físicas pesadas y rigurosas. Las personas de entre 20 y 30 años generalmente piensan en el gimnasio y el entrenamiento con pesas cuando se menciona la actividad física.

Para lograr una salud óptima, no son necesarios ejercicios pesados. Aquí hay algunos simples que son excelentes para su salud:

- caminar a paso ligero
- ciclismo a baja velocidad
- barrer o rastrillar fuera el césped
- jardinería
- tenis de mesa
- pintar y enyesar
- limpieza profunda de la casa

- baile ligero
- flexiones, abdominales con esfuerzo moderado

Todo depende del esfuerzo que esté dispuesto a hacer y su condición física. Si decide hacer ejercicios como caminar o andar en bicicleta, un punto importante a tener en cuenta es que quema la misma cantidad de calorías para cubrir una distancia fija.

Por ejemplo, si camina más rápido durante 10 millas, inicialmente quemará muchas calorías, pero luego disminuirá la velocidad. Si camina lentamente, quemará menos calorías, pero seguirá haciéndolo por más tiempo. Al final, sea cual sea tu velocidad, terminas quemando la misma cantidad de calorías para cubrir una distancia fija. Como siempre, consulte a su médico antes de comenzar cualquier actividad física nueva.

D. Sueño Adecuado

Una de las cosas más importantes para su salud es dormir lo suficiente. Cuando has dormido bien, tu mente es mucho más aguda, alerta y resistente. Tendrá más energía, mayor rendimiento y mucho más.

Por otro lado, si careces de un sueño adecuado, te sentirás somnoliento e irritable todo el día. Tu fuerza de voluntad disminuirá, las emociones estarán por todas partes y serán propensas a la estimulación instantánea que consumirá todo su tiempo. Dormir es una de esas cosas que pueden hacer o deshacer tu día. Dormir bien por la noche es imprescindible.

¿Pero cuánto sueño es suficiente?

Depende del individuo. Cada uno de nosotros es único y tenemos nuestro patrón de sueño. Algunas personas pueden funcionar normalmente con 6 horas de sueño, mientras que otras pueden necesitar 8-9 horas para sentirse bien descansados.

Sin embargo, la investigación sobre el sueño muestra que la mayoría de las personas necesitan de 7 a 8 horas de sueño adecuado para una salud y funcionamiento óptimos. Necesitas alrededor de 7,5 a 8 horas de sueño. Cuando has dormido adecuadamente, te sientes renovado y lleno de energía todo el día.

Intenta levantarte a diferentes horas de la mañana para encontrar tu requisito de sueño único. Eventualmente terminarías en algún lugar entre las 7 y las 8:30 horas. Cualquiera sea tu necesidad, duerme tantas horas todos los días.

No tengas miedo de perder tu tiempo de productividad. Algunas personas piensan que dormir 8 horas es una pérdida de tiempo. Serás MUCHO más productivo todo el día. Conseguirás mucho más. Esa hora extra de sueño dará como resultado varias horas de mayor rendimiento durante el día. Es una compensación digna.

Una cosa más. Lo importante no es solo la cantidad de sueño. La "calidad" también es crítica. Busque en línea para mejorar la calidad de su sueño. Hay mucha información útil disponible. Use eso para su ventaja.

Nota: debe consultar a su médico antes de realizar cambios en su dieta, ejercicio o estilo de vida. Cada uno de nosotros tiene su propia condición física y mental única y se beneficia de un asesoramiento más personalizado. Los consejos dados anteriormente son pautas generales para una buena salud, pero el consejo médico profesional siempre debe ser su prioridad.

Intente cambiar a alimentos saludables y observe la diferencia en su proceso de pensamiento. Usted quedará gratamente sorprendido. Y si continúa con esta dieta a largo plazo, tendrá una mejor salud y un sistema inmunológico fuerte.

La magia del ejercicio físico

Solo un cuerpo sano puede mantener una mente sana. Y si desea que su mente esté en su estado positivo más ingenioso, entonces la actividad física es imprescindible.

El movimiento físico aumenta el flujo sanguíneo a todas las partes del cuerpo, incluido el cerebro. Resulta en un mayor suministro de oxígeno y nutrientes que sirven como combustible para el cerebro. También se liberan una gran cantidad de hormonas que juegan un papel en la agudización de las funciones cognitivas en el cerebro.

En un estudio reciente realizado por el departamento de ciencias del ejercicio de la Universidad de Georgia, se descubrió que incluso hacer ejercicio durante 20 minutos conduce a un mejor procesamiento de la información.

Y eso no es todo. El ejercicio estimula el crecimiento de las células nerviosas del cerebro (llamadas neuronas) que apoyan las funciones cognitivas y conductuales del cerebro.

Lo que significa es que si sigues descansando en tu sofá todo el día, no le estás dando a tu cerebro la oportunidad de operar en todo su potencial.

Observe a las personas que se sientan continuamente durante 8 horas en la oficina. Vuelven a casa aturdidos, cansados, negativos e incapaces de pensar con claridad, y yo solía ser uno de ellos.

Cuando estaba trabajando en un trabajo corporativo, podía sentir que mi mente se adormecía después de 2-3 horas de estar sentado en la computadora. No iba a un gimnasio en ese momento. Todo se sumó y bajó mis niveles de energía mental hasta el punto de que ni siquiera quería hablar con nadie. Fue muy difícil sentirse feliz y entusiasmado con CUALQUIER COSA.

Si me hubieras pedido que hiciera algún trabajo creativo, la única respuesta que hubieras obtenido era una 'mirada en blanco'. Simplemente no había manera de que pudiera procesar tareas complejas, ser creativo y entusiasta.

No. Nada de eso fue posible.

Después de meses de "entumecimiento mental", finalmente decidí hacer algo al respecto. Comencé a leer sobre la salud del cerebro y cómo se relaciona con el movimiento físico.

Empecé con poco.

Comencé a hacer 20 minutos de trote ligero por la mañana. Y me levantaba de mi silla después de cada 30 minutos durante el día en mi oficina. Agregué más 'movimiento' a mi estilo de vida diario.

Los resultados fueron mejores de lo que esperaba. Me sentí mucho mejor Mis niveles de energía aumentaron junto con mi estado de ánimo y entusiasmo. Me volví más vibrante e involucrado. La gente en mi oficina se sorprendió por el cambio repentino en mi comportamiento. Todos comenzaron a apreciar este nuevo 'yo'. Comencé a recibir muchos cumplidos de otros (probablemente querían motivarme para que me quedara así).

Nunca esperé tener tanta energía positiva por moverme más. Francamente, fue bastante sorprendente. Había leído acerca de cómo el ejercicio PROPORCIONA energía en lugar de agotarlo, pero es bastante poderoso EXPERIMENTARLO tú mismo.

Mantengo este estilo de vida desde entonces. Ahora, mi rutina matutina consiste en 30 minutos de yoga y 15 minutos de meditación. Me da energía mental y física que dura todo el día.

Recomiendo tomar un mínimo de 30 minutos diarios para realizar actividad física (levantamiento de pesas, cardio, yoga, tai-chi, trotar, caminar o andar en bicicleta), seleccione la que más le guste. Consulte con su médico antes de comenzar.

Además del ejercicio de la mañana anterior, levántese de la silla cada 30 minutos para estirar las piernas. Dé un pequeño paseo por la oficina. Ve al refrigerador de agua; toma un sorbo y vuelve. Solo levántate y muévete un poco.

Intenta hacer ambas durante diez días. Notarás una gran mejora en tu positividad y niveles de energía. Refresca la mente y el cuerpo y agrega más "vida" en tu día.

Y cuando considera los beneficios para la salud a largo plazo de este estilo de vida, es obvio.

Tu actitud hacia la vida

La actitud positiva sirve de base para el optimismo y es una característica brillante de cada persona positiva que he conocido.

Todavía recuerdo cuando solía leer sobre la importancia de la actitud positiva y pensar: "sí, sí. Cla... ro"

En el fondo, no creía en su importancia.

Ahora, después de hacer un esfuerzo durante trece años para cambiar mi mentalidad negativa a una positiva, ahora estoy completamente convencido de que la Actitud positiva es TODO. Nuestra actitud influye en cada pensamiento que tenemos. La actitud positiva refuerza el pensamiento positivo, que nos mueve en la dirección correcta, mientras que una actitud negativa da lugar al pensamiento negativo.

¿Por qué crees que una persona tiene una perspectiva optimista, mientras que otra habita en la negatividad? Ambos son bastante similares en todos los aspectos: educación, edad, cultura, antecedentes, sociedad, etc.

La única diferencia está en la actitud.

Cada vez que una persona positiva se enfrenta a un desafío, su enfoque estará en encontrar la SOLUCIÓN al problema. Sería fácil para él porque imaginaría un futuro brillante. Él cree en un futuro mejor.

Cuando una persona negativa se enfrenta a desafíos similares, ignorará la posibilidad de la luz del sol detrás de la montaña. Se centraría en lo negativo: lo mal que están las cosas, está tomando demasiado tiempo, no va a funcionar, y así sucesivamente.

Todos tienen el potencial de vivir una vida plena. La diferencia radica en cómo miramos las cosas.

Cuando alguien ve el mundo como un lugar horrible, él o ella se han retirado del juego incluso antes de tener una oportunidad de felicidad.

Recuerde siempre que una actitud positiva es un requisito previo para el pensamiento positivo.

El impacto de un pequeño cambio...

La buena noticia es que incluso el cambio de actitud más pequeño puede traer grandes resultados.

Uno de mis amigos solía luchar para ser social en su oficina. Era introvertido por naturaleza y tenía problemas para abrirse a nuevas personas. Siempre decía: "No tengo nada de qué hablar, e incluso si lo hiciera, no les agradaría de todos modos". Me senté con él y lo convencí de saludar a las personas en su oficina y sonreír. Estuvo de acuerdo porque fue solo un pequeño cambio en el comportamiento.

Los resultados fueron asombrosos. La gente era muy receptiva a sus saludos y comenzó conversaciones con él. Inicialmente, mi amigo estaba un poco nervioso en las conversaciones, pero rápidamente se convirtió en un hábito. Ahora, es conocido por sus colegas y tiene una reputación de ser una persona cálida y social.

Un pequeño cambio de actitud dio un gran resultado.

En la vida, el éxito y el fracaso están a solo centímetros de distancia. Se necesita un cambio muy pequeño para obtener cualquiera de los resultados. Cultiva una actitud positiva. Te ayudará en más formas de las que piensas.

Si quieres más pruebas, mira a las personas que están constantemente en la cima de su campo respectivo: CEOs, empresarios exitosos, actores de fama mundial, atletas galardonados, grandes cantantes, artistas y profesionales que se convirtieron en íconos de su generación, todo es tener una actitud positiva en la vida.

Si lee las autobiografías de personas famosas, que se consideran "grandes" de su campo, la importancia de la actitud se hace evidente. Nelson Mandela, Steve Jobs, Albert Einstein, Mahatma Gandhi, la Madre Teresa e innumerables historias de otras grandes personas son prueba de que sea cual sea su objetivo, la actitud positiva traerá éxito y satisfacción, mientras que la negatividad conducirá a una caída inevitable.

Esto es especialmente cierto en nuestro mundo moderno. Tener una actitud positiva es muy valioso. Te brinda resistencia para enfrentar la dureza de la vida. No importa cuán grandes sean sus problemas, es probable que lleve una vida fantástica si observa conscientemente los aspectos positivos en cada desafío o fracaso.

Lo contrario también es cierto. Mire a su alrededor y descubrirá que las personas negativas generalmente terminan siendo miserables toda su vida. Carecen de gratitud y satisfacción general. Sus relaciones se vuelven tóxicas y eventualmente se destruyen.

Podemos decir que las personas negativas son los "perdedores" en la vida.

Y debido a que la actitud es contagiosa, debes mantenerte alejado de las personas negativas. Todos tenemos algunas personas negativas, "sanguijuela emocional" en nuestra vida. Cada uno de nosotros conoce alguno, y es mejor mantener distancia lo más lejos posible de ellos.

Identifiqué a algunas personas así en mi vida y minimicé mis interacciones con ellos. Uno de mis amigos me presentó a Raj. Al principio, me caía bien, pero luego, cuando comencé a salir con él, me di cuenta de que se quejaba constantemente de todo. Podía encontrar fallas en todo y en todos. No importa cómo traté de ser positivo con él, su fuerte actitud negativa me abrumaba cada vez.

Pronto, "yo" comencé a señalar fallas en las cosas, lo que normalmente no hago. Mis otros amigos comenzaron a decirme que estaba cambiando. No era positivo y optimista como antes. Entonces me di cuenta de cuán fuertemente se influyen las personas entre sí. Minimicé mis interacciones con Raj y decidí alejarme de ese tipo de actitud tanto como sea posible.

Cómo desarrollar una actitud positiva

Por el contrario, estar cerca de personas positivas. Mira cómo hablan, qué dicen y cómo piensan. Expóngase a las personas positivas tanto como sea posible.

Es un hecho psicológico que nos convertimos en la combinación de cinco personas con quienes pasamos la mayor parte de nuestro tiempo. Por lo tanto, esté rodeado de personas exitosas, positivas, agradecidas, y su mente comenzará a adoptar su comportamiento automáticamente. Inconscientemente absorbemos el pensamiento de otras personas, ya sea positivo o negativo. Así es como están conectados nuestros cerebros.

"Asóciese con personas de buena calidad, porque es mejor estar solo que mal acompañado" - Booker T. Washington

Una de las mayores ventajas de tener una actitud positiva es que cambia su enfoque de "sobrevivir" a "prosperar". ¿Has notado personas que solo están lidiando con la vida? Toda su motivación es "sobrevivir". Para ellos, tener lo suficiente para sobrevivir está BIEN.

Con la actitud correcta, verá las situaciones y las personas de manera diferente. Su enfoque estará en lo que es bueno y lo que es posible. Habrá una vitalidad dentro de ti que otras personas notarán instantáneamente. Tendrá más pasión y entusiasmo por la vida porque sus sueños están VIVOS.

"Sé lo único que crees que no puedes hacer. Falla. Inténtalo de nuevo. Hazlo mejor la segunda vez. Las únicas personas que no caen en el cable alto son aquellas que nunca montan el cable alto" - Oprah Winfrey

Imagínese en un bote en medio de un lago. El barco es su actitud, y las costas a ambos lados son felicidad y miseria. Si tu actitud es correcta, te moverás hacia la orilla de la felicidad. Si abrazas la negatividad, te moverás en la dirección opuesta, la miseria.

Algunas personas me preguntan si es posible cambiar de rumbo si se ha estado moviendo en la dirección equivocada. Mi respuesta: creo firmemente que NUNCA es demasiado tarde para cambiar. Siempre puedes cambiar en cualquier momento de tu vida.

Hay innumerables ejemplos de personas que cambiaron su destino después de los 50, 60 y 70 años. Será un poco más difícil si has estado en una espiral negativa toda tu vida. Pero es 100% POSIBLE. Muchas personas, exactamente como usted, han cambiado su vida.

Nunca es demasiado tarde...

Un gran comienzo sería forzarse a encontrar una cualidad positiva en las personas y situaciones. Pronto, se convertirá en un hábito. En una investigación realizada por el instituto Harvard, los investigadores descubrieron que el conocimiento técnico es solo el quince por ciento de lograr el éxito. El resto del ochenta y cinco por ciento proviene de tener una actitud y un pensamiento positivos.

Puedo jurar personalmente la importancia de la actitud correcta y la mentalidad porque he visto la DIFERENCIA que hicieron en mi vida y en la vida de otras personas.

CAPÍTULO DIEZ

Dando un paso más allá

Imagine lo difícil que será perseguir sus objetivos si no tiene suficiente autoconfianza. Se volverá aún más difícil si no tiene un plan concreto que seguir, pero no tema, porque este capítulo lo ayudará a desarrollar exactamente lo que quiere de la vida y cómo puede lograrlo con confianza.

Define tu enfoque

Todos tenemos esa necesidad de lograr algo, pero el problema para muchos es que ni siquiera saben exactamente qué es lo que quieren lograr. Es por eso que a menudo es común e incluso natural comenzar siguiendo los estándares de la sociedad. Tenga en cuenta que no hay nada de malo en eso, especialmente porque algunas personas encuentran su satisfacción allí. Sin embargo, otros sienten que falta algo. Por lo tanto, terminan frustrados.

Su autoconfianza y la de cualquier otra persona dependen en gran medida de lo que considera su objetivo principal en la vida. Al dedicar todo su tiempo y energía a lo único que desea lograr, sus sentimientos de seguridad y confianza crecerán.

Por supuesto, debes saber qué es lo que quieres lograr. En otras palabras, su objetivo debe ser específico, detallado y claro más allá de toda duda. Sin embargo, si aún tiene dificultades para definir en qué se quiere enfocar, entonces puede intentar el siguiente ejercicio.

Este ejercicio se llama "Pastel de confianza" (a veces denominado "rueda de confianza").

Le ayudará a determinar de qué aspecto de su vida puede sacar más confianza:

Paso 1: En una hoja de papel, escriba todos los diferentes aspectos de su vida que cree que requieren confianza.

Trate de tener entre seis y ocho aspectos, incluida la vida familiar, la carrera profesional, la paternidad, las relaciones sociales, la vida académica, etc.

Paso 2: teniendo en cuenta una escala del 1 al 10, siendo 10 el nivel ideal de confianza que desea tener califique cómo se siente al lado de cada aspecto de su vida.

Ve con tu instinto. Si crees que tienes mucha confianza en tu exitosa carrera, adelante y date un 9 o 10. Si crees que constantemente luchas con citas o relaciones sociales, no hay vergüenza en darte un 2 o 3.

Paso 3: en otra hoja de papel, dibuja un círculo grande para representar tu pastel. "Corta" tu pastel en pedazos del mismo tamaño, cada uno de los cuales representa los aspectos de tu vida que has enumerado. Etiquete cada pieza en consecuencia.

Paso 4: Ahora, complete cada porción del pastel según su puntaje.

Por ejemplo, si le dio a "carrera" un puntaje de 9, entonces 9/10 de la porción debe estar sombreada. Si le diste un "2 a las relaciones sociales", entonces sombrea solo 2/10, y así sucesivamente. Puede usar bolígrafos de diferentes colores para que cada pastel se destaque.

Paso 5: Eche un vistazo a la representación visual de su "vida" con respecto a su nivel de confianza y luego considere lo que puede hacer para que todas las rebanadas sean iguales.

Mantenga el pastel de confianza en su diario y úselo para recordar los aspectos de su vida en los que necesita concentrarse. Es una referencia útil tener a medida que avanza con la siguiente sección, que trata sobre la fijación de objetivos.

Convierte tus sueños en metas

¿Qué se siente al ver su pastel de confianza? Con suerte, te inspira a apreciar y desarrollar los diferentes aspectos de tu vida. Incluso puedes estar ansioso por comenzar. Para transformarte y volverte más seguro, aprende a crear metas de manera efectiva y eficiente. Una de las mejores estrategias para hacer eso se llama modelo SMART (por sus siglas en ingles).

Este modelo es un acrónimo, que puede usar para guiarlo a convertir ideas en objetivos. Aquí hay un desglose del modelo:

• S: específico.

Su objetivo debe ser lo más específico posible. Es la única forma de motivarse realmente para lograrlo.

Por ejemplo, si el aspecto financiero de su vida es donde le falta confianza, entonces sea detallado al respecto. ¿Quieres estar más seguro financieramente? ¿Cuánto dinero crees que te hará sentir así? Su respuesta no debería ser simplemente "Oh, mucho dinero", sino "cinco millones de dólares" (o más, por supuesto).

Luego, transforme este objetivo específico en algo tangible. Por ejemplo, incluso puede escribir la figura en un cheque para sí mismo y luego anclarlo en su panel de corcho. Esto te recordará tu objetivo específico.

• M: medible.

No importa cuán específico sea su objetivo, no llegará a ningún lado si no puede medir su progreso hacia él.

Por ejemplo, el ejemplo de cinco millones de dólares es bastante fácil de medir porque el dinero es tan contable como puede ser.

Sin embargo, supongamos que necesita mejorar su confianza en el aspecto de relación social de su vida. Considere cómo debe medirse.

¿Sería en forma de tiempo, como pasar un día por semana con buenos amigos? ¿O lo medirías en términos de calidad, como mejorar tus habilidades de escucha, para que puedas tener una mejor conversación con tu amigo?

• A: alcanzable.

No hay nada malo con un objetivo desafiante, pero también debes asegurarte de que sea realista. En la mayoría de los casos, puede medir si su objetivo es alcanzable o no al escribir pasos detallados que lo acercarán a su objetivo.

Por ejemplo, si su objetivo fuera adquirir cinco millones de dólares para sentirse financieramente seguro y más confiado, piense en cómo lo va a adquirir de manera realista (y honesta). Puede comenzar pagando todas sus deudas mientras hace un esfuerzo por reducir sus gastos. El siguiente paso es aumentar sus ingresos y al mismo tiempo mantener un estilo de vida modesto.

Luego puede pasar a ahorros e inversiones, y así sucesivamente.

• R: gratificante.

Solo puedes estar motivado por un objetivo que consideres gratificante. En otras palabras, debe ser capaz de responder "por qué" quiere ese objetivo en primer lugar. Tu respuesta debería ser algo que te entusiasme. Es muy importante que se recuerde cada día su "por qué" porque continuará trabajando hacia su objetivo, sin importar cuán desafiante sea el camino.

Por ejemplo, si su objetivo es perder peso, pregúntese por qué se sentirá seguro una vez que lo haya logrado. No importa cuán simple o profunda sea su respuesta, lo que importa es que sea lo suficientemente gratificante como para inspirarlo a comprometerse.

• T: temporizado

La diferencia más significativa entre un sueño no importa cuán específico, medible, alcanzable y gratificante pueda ser, un objetivo es una fecha límite. Sin uno, siempre pospondrá su objetivo para mañana. Sin embargo, al establecer una fecha límite, estás compitiendo contra el reloj para lograr lo que deseas y ganar la confianza que siempre has deseado.

Ahora que tiene sus objetivos, el siguiente paso es actuar. Estos son los pasos que puede seguir para alcanzar sus objetivos:

Paso 1: elige un aspecto en el que quieras centrarte.

Si bien puede haber varios aspectos en su vida en los que desea sentirse más seguro, es útil enfocarse en mejorarlos uno por uno. De esa manera, no te sentirás abrumado.

Una vez que note que está mejorando en un aspecto, puede pasar a enfocarse en el siguiente. Ayuda comenzar con el aspecto que más valoras.

Paso 2: cree una declaración fuera de tu foco para convertirla en una meta.

Use el modelo SMART como su guía.

Paso 3: construya un plan detallado que lo guiará a actuar.

Puede ser un plan paso a paso, una línea de tiempo o una lista de verificación. Pula su plan hasta que tenga confianza en él.

Paso 4: tome nota de su progreso, así como de cualquier contratiempo. Haga ajustes donde sea necesario.

Tenga en cuenta que su plan detallado no debe ser escrito en piedra. En cambio, debería permitirle adaptarse a cambios inesperados. Cree en tu objetivo, y puedes ganar la confianza para ir a todo golpe.

Paso 5: Continúe progresando y ajústese a los cambios.

Piense en los fracasos como oportunidades para pivotar en una dirección diferente. Muy pronto, puede encontrar el camino correcto que lo llevará a su objetivo.

Encuentre un mentor de confianza

Lo creas o no, la confianza puede ser contagiosa. Cuando te rodeas de personas que tienen confianza y ayudan a otros a creer en sí mismos, es natural que los imites. Por otro lado, pasar tiempo constantemente con personas negativas también hará que seas más crítico contigo mismo y con los demás.

Si bien es fácil decir que debe elegir amigos que lo eleven y lo ayuden a encontrar autoconfianza, no todos tenemos el lujo de encontrar a estas personas en nuestra vida. Si todavía está trabajando para tener la confianza suficiente para conocer gente nueva, entonces la mejor manera de inspirarse en los demás es encontrar un mentor.

Por ejemplo, él o ella puede ser una figura pública que admiras que publica regularmente blogs de video en YouTube o que escribe artículos edificantes en línea. Además de recibir actualizaciones periódicas de estos mentores, también puede leer autobiografías de personas que pudieron lograr grandes cosas a pesar de la adversidad. Encuentre la hora cada día, incluso durante solo cinco minutos, para

leer, escuchar o mirar a alguien que lo
motive

Conclusión

Alta autoestima o autoconfianza, no es algo con que algunas personas nazcan, sino que depende de nuestra educación y de cómo se ha construido su propia imagen a través de la vida. Si desea felicidad, el éxito y la realización, necesita una alta autoestima. Si se aprecia a si mismo u considera digno de lo que sea importante, desarrollara automáticamente una alta autoestima. Una autoimagen fuerte es esencial para lograr la autoconfianza.

La forma en que se ve a sí mismo siempre influirá en sus pensamientos, sus acciones, sus sentimientos, y su comportamiento, y todo lo que se combina con sus habilidades y de eso proviene los resultados que produce en su vida.

Así que, si tienes una autoestima baja, tu tendrías una imagen de ti mismo como una especie de falla o fracaso, y te verás cómo alguien sin mucho valor, y probablemente sentirte como si fueras víctima de las circunstancias y mala suerte.

Y si tú tienes, una autoestima alta, tu imagen interior proyectara optimismo en cada cosa que hagas. Sera como verte a ti mismo como una persona valiosa, con una gran autoconfianza. Sentirás que tienes un propósito, y serás positivo en la mayoría sino en que todas tus acciones.

Las personas con alta autoestima, no se torturan a ellos mismos cuando fallan en algo, van directamente a ser optimistas y ven lo que los demás piensan que es un fracaso, como un éxito, así como Thomas Edison lo describió cuando inventó el bombillo eléctrico.

"No me veo fallando 3000 veces con esto, sé que funcionara, y estoy 3000 veces más cerca del éxito" No es exactamente lo que dijo, pero creo que entiendes el punto aquí.

De esto, también podemos ver que las personas con autoestima alta tienen un sentido de dirección, y un sentimiento por lo que hacen como importante. Cuando las cosas no funcionan para ellos, usualmente retroceden, y miran objetivamente sus resultados, y descubren que pueden corregir para obtener otro resultado, opuestamente a las personas con baja autoestima, quienes normalmente hacen exactamente lo mismo para obtener los mismos resultados y no tienen idea de porqué.

Así que, ¿Cuál es el secreto de la autoestima?, Es aceptarnos nosotros mismos y luego desprender las capas de condicionamiento y mentiras que han causado que la autoestima y la autoconfianza disminuya y sea enterrado.

Comparta sus comentarios con el autor y con futuros lectores al dejar una crítica honesta.

SOBRE EL AUTOR

Raphael Dume, es autor, investigador, emprendedor en serie e inversionista estadounidense. Se ha encontrado que su trabajo mejora la autoestima, la capacidad de recuperación, la felicidad, el optimismo y la curiosidad, al tiempo que reduce los síntomas de depresión, ansiedad y enojo.

El se enfoca en ayudar a los demas documentando su aprendizaje personal y sus experiencias a través de sus escrituras. El espera compartir su trabajo que seas fácil de entender y estrategias que se puedan aplicar fácilmente en la vida cotidiana de todos.

Él trabaja continuamente para ampliar sus conocimientos leyendo, asistiendo a seminarios, tomando cursos y estableciendo contactos con otros profesionales.

Actualmente vive en Nueva Jersey con su familia.